十個詞彙裡的中國
China in Ten Words

余華

說明

這是我去年斷斷續續完成的一部非虛構作品，裡面一些內容引用了我過去散文中的幾個片斷。今年九月，法國ACTES SUD的法文版是全球首次出版。明年開始，美國和歐洲亞洲南美洲的其他國家也將陸續出版。根據美國蘭登書屋編輯的建議，我對此書提及的一些數據進行了更新。儘管如此，明年九月出版的英文版裡的數據仍然可能變得陳舊，因為中國大陸日新月異。

余華

二〇一〇年十月十四日

目次

前言

古希臘的盲詩人荷馬說：「神祇編織不幸，是為了讓後代不缺少吟唱的題材。」幾百年以後，中國的先哲孟子說：「生於憂患，死於安樂。」荷馬借助神祇置身事外的風度，以敘述者的身分來吟唱世事難測和人間不幸。孟子則是利用人生感受的例子，說明憂患往往可以使人生存，安逸享樂卻反而使人敗亡。荷馬和孟子從不同的時空和不同的視角出發，以相同的積極和樂觀，在我們今天的不幸和憂患裡走到了一起。

我希望此書兼備上述兩種品質，讓超然的敘述和真切的人生在這裡殊途同歸。我也希望在這十個詞彙裡，能夠繼承荷馬與孟子的積極和樂觀。

我要感謝白亞仁教授。二〇〇九年三月，我在美國期間，白亞仁邀請我前往波姆那學院（Pomona College）講述當代中國。這位老朋友將我的演講題目定為「一個作家的中國」，我就是在準備演講稿的時候發現了這本書。我們驅車行駛在洛杉磯高速公路上的時候，我告訴白亞仁計畫寫作這本書。白亞仁立即表示願意承擔此書的英文翻譯。當我回國後決定自己的寫作從十個詞彙出發，白亞仁就將書名建議為《十個詞彙的中國》。我喜歡這個書名的簡潔風格。

很久以前，義大利詩人但丁寫下了樸素的詩句：箭中了目標，離了弦。但丁只是輕輕地顛倒了因果關係，就讓我們感受到了速度。中國社會三十多年的飛速變化，呈現給我們的，就是因果關係顛倒的發展歷程。我們差不多每天都生活在蜂擁而至的結果裡，卻很少去追尋產生這些結果的原因。於是三十多年來雜草叢生般湧現的社會矛盾和社會問題，被經濟高速發展帶來的樂觀情緒所掩飾。我此刻的工作就是反其道而行之，從今天看上去輝煌的結果出發，去尋找那些可能是令人不安的原因。在我追根溯源的旅途上，荷馬所說的不幸與孟子所說的憂患將會迎面而來。

所以，我如果面面俱到地敘述當代中國，我的敘述將會難以為繼，將會比阿拉伯的《一千零一夜》還要漫長。這也是為什麼我要選擇十個詞彙的理由，因為十個詞彙給予我十雙眼睛，讓我從十個方向來凝視當代中國。

我要求自己的工作簡明扼要，從我們耳熟能詳的日常生活開始敘述之旅。日常生活看似平淡瑣碎，其實包羅萬象，它們豐富、寬廣和激動人心。政治、歷史、經濟、社會、文化、記憶、情感、欲望、隱私等等，都在我們的日常生活裡發出自己的鳴叫。日常生活就像廣闊的森林一樣，恰巧中國有句俗語：林子大了什麼鳥都有。

我寫作此書如同一位往返的巴士司機，起點也是終點。我滿載故事的巴士從中國人的日常生活出發，經過政治、歷史、經濟、社會、文化、記憶、情感、欲望、隱私的驛站，還要經過一些地名不詳之鄉，一些故事中途下車，另外一些故事中途上車，如此上上下下的長途跋涉之後，我的巴士又回到了中國人的日常生活之中。

我希望能夠在此將當代中國的滔滔不絕，縮寫到這十個簡單的詞彙之中；我希望自己跨越時空的敘述可以將理性的分析、感性的經驗和親切的故事融為一體；我希望自己的努力工作，可以在當代中國翻天覆地的變化和紛亂複雜的社會裡，開闢出一條清晰的和非虛構的敘述之路。

如果荷馬的超凡脫俗和孟子的切膚之痛影響了我走向目標的步伐，我會感激在心。

人民

我在寫下這個詞彙的時候，總覺得自己寫錯了，或者說寫得不像是「人民」。我閉上眼睛休息一會兒，睜開眼睛後覺得它有點像了；我再次閉上眼睛，當我再次睜開眼睛時，終於確定自己沒有寫錯。這個詞彙就是這樣，讓我有時候陌生，有時候熟悉。

我不知道在今天的漢語裡，還有哪個詞彙像「人民」這樣處境奇怪，它無處不在，同時又被人視而不見。今天的中國，好像只有官員們還在張口閉口說著「人民」，人民卻很少提及這個詞彙，或者說正在遺忘它。多虧了官員們的唾沫，這個詞彙才顯示了自己仍然存在。

在過去，這個詞彙曾經是那麼的顯赫。我們的國家叫「中華人民共和國」；毛主席說「為人民服務」；當時最重要的報紙叫《人民日報》；我們這些單個的人民天天說：「一九四九年以後，人民當家作主了。」

在我童年的歲月裡，「人民」是和「毛主席」一樣了不起的詞彙，我剛剛認字的時候，最先學會的就是這兩個詞彙，然後才學會寫下自己的名字和父母的名字。年幼的我曾經認為：「人民就是毛主席，毛主席就是人民。」

當時正在經歷文化大革命，我得意洋洋地到處宣布自己的發明，我看到很多疑惑的表情，他們似乎覺得我的發明有待商榷，可是沒有一個人明確表示反對。那時候人人謹小慎微，只要說錯一句話，就有可能成為反革命分子，從而家破人亡。我的父母聽到我的發明時也是這樣的表情，他們小心翼翼地看著我，拐彎抹角地表示：這句話好像沒有說錯，可是最好不要再說了。

這是我童年裡最重要的發明，我捨不得不去說，我繼續將它掛在嘴邊。有一天我突然為自己的發明找到了證據，那時候流行這樣一句話：「毛主席在我們心中。」我發揮了這句話，我說：「每個人民心中都有毛主席，毛主席心中有什麼？有我們全部的人民。」所以「人民就是毛主席，毛主席就是人民」。

我看到疑惑的表情在我們的小鎮上逐漸消失，有人開始點頭表示同意，有人開始也這麼說了。先是我的小夥伴們這麼說，接著大人們也這麼說。

當很多人都在說：人民就是毛主席，毛主席就是人民。我的危機感出來了，革命的年代裡是沒有專利的，我發現自己作為發明者的身分正在迅速失去。我到處申明：

「這句話是我第一個說出來的。」

可是沒有人對此有興趣，最後連我身旁的小夥伴們也不承認這句話是我的發明，面對我的據理力爭，或者可憐巴巴的哀求，他們個個搖著頭說：

「大家都這麼說。」

我開始傷心，甚至後悔莫及，後悔將這個發明公諸於世，我覺得應該將這個發明永遠藏在自己心裡，不讓任何人知道，獨自享用一輩子。

這些年來，西方驚訝中國的巨大變化。歷史在中國就像川劇中的變臉，短短三十年，一個政治至上的中國，搖身一變成為了一個金錢至尊的中國。

當歷史轉折的時候，總會出現某個標誌性的事件，一九八九年的天安門事件就是如此。北京的大學生走出校門，匯集到了天安門廣場，要求民主自由，同時反對官倒。由於政府拒絕與學生對話的強硬立場，學生開始絕食，市民們走上街頭聲援絕食學生。當時市民對「民主自由」其實興趣不大，吸引他們大規模加入到這個運動中的是「反對官倒」的口號。那時候鄧小平倡導的改革開放進入了第十一個年頭，雖然改革帶來了物價上漲，可是經濟穩定增長，生活水平日益提高，農民是改革開放的受益者；九〇年代工廠的大規模破產倒閉還沒有來臨，很多工人還沒有成為受害者。當時的社會矛盾並不突出，不像今天的社會到處燃燒著怒火，當時的社會僅僅是洋溢著怨氣，對一些高官的子女們利用國家的資源發財致富不滿，這樣的不滿情緒在反對官倒的口號裡聚集了起來。現在看來，當時少數人「官倒」的腐敗和今天大規模的五花八門的腐敗比較起來實在不算什麼。

從一九九〇年代以來，中國腐敗增長的速度和經濟的增長一樣驚人。

這場席捲中國的如火如荼的群眾運動，在六月四日凌晨的槍聲裡很快安靜下來了。同年的十月，我再次去北京大學的時候，已經是截然不同的一番景象了，天黑之後未名湖畔出現了一對一對戀愛的身影，學生宿舍裡傳出來搓麻將的聲音和背誦英文單詞的聲音。僅僅過去了一個夏天，一切都改變了，彷彿春天的時候什麼都沒有發生。如此巨大的反差似乎說明了這樣一個事實：天安門事件標誌著中國人政治熱情的一次集中爆發，或者說標誌著從文革以來積累起來的政治熱情終於一次性地釋放乾淨了。接下來掙錢的熱情替代了政治的熱情，當萬眾一心掙錢的時候，一九九〇年代的經濟繁榮自然來到了。

然後，嶄新的詞彙鋪天蓋地而來了。比如經常上網的網民、炒股的股民、購買基金的基民、追星的粉絲、下崗工人、農民工等等，正在支解瓜分「人民」這個業已褪色的詞彙。在文革時期，「人民」的定義十分簡單，就是「工農兵學商」，這裡的「商」不是指商人，是指從事商業工作的人群，比如商店的售貨員。我想，一九八九年的天安門事件，就是讓「人民」內容脫胎換骨的分水嶺，或者說讓「人民」進行了資產重組，原有的內容被剝離，新的內容被置換了進去。

從文革開始到今天的四十多年，「人民」這個詞彙在中國的現實裡好像是空的。用現在中國流行的經濟術語來說，「人民」只是一個殼資源，不同的時代以不同的內容用它借殼上市。

一九八九年春天的北京，是一個無政府主義者的天堂。警察突然消失了，大學生和市民自發地承擔起了警察的責任，我想，這樣的北京也許再也不會出現。共同的目標和共同的願望，讓一個沒有警察的城市秩序井然。只要走上街頭，你就會感到親切友好的氣息撲面而來，不用買票就可以乘坐地鐵和公交車，所有的人都在互相微笑，人和人之間沒有了陌生感。我們常見的街頭爭吵沒有了；平日裡斤斤計較的小商販們，免費向遊行的人群供應食物和水；退休的老人從他們微薄的銀行存款裡取出現金，捐給廣場上絕食的學生；還有小偷們，他們以偷盜協會的名義發出公告：為了聲援絕食學生，停止一切偷盜行為……當時的北京，可以說是一座「四海之內皆兄弟」的城市。

生活在中國的城市裡，會有一個強烈的感受：就是人多。可是經歷了天安門廣場的百萬群眾大遊行之後，你才會真正感受到：中國是世界上人口最多的國家。天安門廣場每天都是人山人海的壯觀景象。一些從外地趕來的大學生，站在廣場的一隅，或者站在街頭日復一日地演講，嗓子啞了，甚至說不出聲音了，仍然頑強地說著。圍觀的人是男女老少，不論是飽經風霜的老者，還是懷抱嬰兒的母親，面對年輕學生稚氣的臉，甚至是稚氣的話，都是滿臉尊重的表情，頻頻點頭和熱情鼓掌。

也有讓我感到滑稽的時候。有一天下午，我來到建國門中國社會科學院的一間昏暗的大屋子裡，參加首都知識界聯合會的一個聚會，在等待趙紫陽的智囊團成員之一的嚴家其時，我看到幾個人在指責一家報紙的副總編輯，這家報紙剛剛發表了一份首都知識界聯合會的聲明，這幾個人的不滿是因為他們在聲明中的署名位置太靠後了，在他們前面的署名裡有幾個人沒有他們的名氣大。他們責問為什麼把沒有什麼名氣的人放在他們前面？那位倒楣的副總編輯一再解釋不是他的責任，甚至道歉的話也說了，可是這幾個人還是不依不撓。直到嚴家其的出現，這齣鬧劇才算結束。

這是我第一次見到嚴家其，以後沒再見到過他。我清晰地記得那天下午的情景，這位當時能夠經常見到趙紫陽的著名學者，心事重重地走進了這間昏暗的大屋子，人們安靜下來，嚴家其帶來了一個壞消息，他聲音低沉地說：

「紫陽住院了。」

在當時的政治環境裡，政治人物只要是以身體有病的理由住到醫院，就意味著失去了權力，或者意味著躲避了起來。嚴家其帶來了趙紫陽住院的消息，那間大屋子裡的知識分子們立刻明白發生了什麼，有人開始悄悄地溜走，然後這些知識分子就像是落葉在秋風中散落那樣離去了。

天安門事件之後，趙紫陽銷聲匿跡，直到二〇〇五年逝世，新華社才為這位重要的政治人物發布一條簡短的新聞：「趙紫陽同志長期患呼吸系統和心血管系統的多種疾病，多次住院治療，近日病情惡化，經搶救無效，於一月十七日在北京逝世，終年八十五歲。」

在中國，就是一位退休的部長去世，官方的報導也比這條新聞豐富得多。這條新聞裡沒有介紹這位黨和國家前領導人的生平，也沒有提及遺體告別的日期。可是生活在北京南站的一個上訪者的群體，卻知道趙紫陽遺體告別的日期。我不知道這個中國社會裡最為弱勢的「人民」是透過什麼渠道獲得的，他們自發地組織起來，去向趙紫陽的遺體告別，警察理所當然地將他們拒之門外，因為他們沒有遺體告別的准入證，他們就在外面拉開橫幅，緬懷和悼念趙紫陽。

這些生活在社會底層的上訪者，是中國社會腐敗的犧牲品。他們遭受了各種冤屈和欺壓，他們曾經滿懷希望訴諸法律，希望中國的法官們能夠還給他們公正，可是中國司法的腐敗讓這些人對法律完全絕望了。他們來到北京上訪，期望更高級別的官員可以為他們伸張正義。這些人被稱為是中國的「司法難民」。

中國有一個建立在法律之外的信訪制度，讓蒙受不同冤屈的人有一個殘存的希望，讓腐敗和司法不公的受害者幻想還有清官的存在。這是中國歷史上源遠流長的人治傳統的影響，人們對清官的期盼超過對法律的信任。這些上訪者傾家蕩產地東奔西走，夢想著有一天會出現某個清官為自己伸張正義。二〇〇四年的時候，中國官方公布的上訪案件已經高達一千萬起。這些上訪者的艱難生活是常人難以想像的，他們忍饑挨餓露宿街頭，像乞丐一樣被警察到處驅趕，還被少數生活優越的知識分子稱之為精神病人。

就是這樣的一個弱勢的「人民」，二〇〇五年一月的時候來向趙紫陽的遺體告別了。他們認為趙紫陽是「中國最冤的人」，比他們還冤。他們雖然飽受冤屈，可是還有上訪的機會，他們說冤枉的趙紫陽都「無處上訪」。

五月底我回到浙江，處理完家事，六月三日下午坐上火車返回北京。我躺在硬臥車廂的上舖，聽著車輪在鐵軌上發出的隆隆響聲，車廂裡亮起了燈光，我知道黑夜來臨了。那時候我覺得這場漫長的學生運動就像馬拉松，我不知道什麼時候才會結束。可是清晨我醒來的時候，火車接近了北京，我聽到車廂裡的廣播響起，播音員激昂的聲音讓我明白部隊已經進入天安門廣場了。

六月四日的槍聲之後，無論是北京的還是外地來的大學生開始撤離。我清晰地記得那天早晨走出北京站時人山人海的情景，當人們大規模撤離北京時，我卻不合時宜地返回了北京。我揹著旅行袋茫然地走出火車站前的廣場，與蜂擁而來的人群不斷相撞，我意識到自己也會馬上離開這裡。

我是六月七日離開的，當時因為上海的一列火車被燒毀，京滬鐵路的交通暫時中斷，我計畫坐火車繞道去武漢，再從武漢坐船回到浙江老家。我們幾個人坐在一輛雇來的平板車上，沿著長安街前往北京站。幾天前還是沸騰的北京，幾天後已是滿目冷清的景象，街上幾乎沒有行人，一些燒毀的汽車還在冒著殘存的黑煙，經過建國門立交橋時，一輛坦克駐紮在橋上，砲筒威風凜凜地對著弱不禁風的我們。到了北京站，在擁擠的售票視窗互相推搡，費盡力氣終於買到了站票，那時已經沒有座位票了，進站時受到執勤軍人的嚴格檢查，確定我的臉不像通緝令上所有的人像後，才放我進去。

我從來沒有坐過如此擁擠的火車，車廂裡全是逃離北京的大學生，人和人擠在一起幾乎都沒有了縫隙。麻煩的是，火車駛出北京一個小時後，我必須去一趟廁所，我使勁往車廂廁所的方向擠過去，擠到一半的路途時，我知道擠過去也沒有用了，我聽到有人吼叫著使勁拍打廁所的門，可是廁所裡也擠滿了人，裡面人的喊叫著說門無法打開。我只好將尿憋了三個小時，到了石家莊我立刻下車，出站後先去了一趟廁所，然後找到一個公用電話，給當時石家莊的一家文學雜誌的主編打了一個請求援助的電話，這位主編在電話裡聽完我的講述之後說：

「現在這麼亂，你那裡都別去了，住下來給我們寫小說吧。」

我在石家莊住了一個多月，心猿意馬地寫著小說。最初的時候，電視上每天都在播出抓到了通緝令上的大學生，而且是以滾動的形式反覆播出。這樣密集的滾動播出，以後只有在奧運會期間中國運動員拿到金牌時才會出現在電視上。我身處他鄉，在陌生的旅館房間裡，看著電視上被捕大學生茫然的表情，聽著播音員激昂的聲音，我感受到了什麼是恐怖。

突然有一天，電視的畫面完全變了，沒有了抓到通緝學生的滾動畫面，也沒有了得意洋洋的解說。雖然抓捕行動仍然在進行，可是電視的播出重新回到了我熟悉的畫面：我們的祖國到處都是繁榮的景象。播音員的聲音，一天前還在慷慨激昂地控訴被捕學生的種種罪行，一天以後就變成了喜氣洋洋地歌頌祖國昌盛的腔調。就是從這一天開始，天安門事件從中國的媒體上銷聲匿跡，就像趙紫陽的銷聲匿跡一樣，以後我也沒有看到過有關它的片言隻語，好像這個事件從來沒有發生過，它被徹底摒蔽了。即便是經歷過一九八九年春夏遊行的人，也似乎淡忘了，可能是後來的生活壓力讓他們無暇回憶往事。二十年過去以後，一個令人不安的事實出現了，就是在今天中國年輕的這一代裡面，很少有人知道一九八九年的天安門事件，就是知道的人，也是含糊不清地說：

「聽說有過很多人的遊行。」

二十年的光陰轉瞬即逝，我相信歷史的記憶不會轉瞬即逝。我想，參與了一九八九年天安門事件的每一個人，不管今天是什麼立場，在某一天突然回首往事的時候，都會有屬於自己的銘心刻骨的感受。

我的銘心刻骨的感受就是讓我理解了「人民」這個詞彙。

一個人和一個詞彙的真正相遇，有時候需要一個機會。我的意思是說，每個人都在其一生中遇到很多詞彙，有些詞彙第一眼見到它的時候就理解了，有些詞彙雖然相處了一生，可是仍然沒有理解。

「人民」就是這樣的一個難題。它是我最早認識和最早書寫的詞彙，其後又在我的人生道路上流連忘返，不斷出現在我的眼前和響徹在我的耳邊，可是它從來沒有真正進入過我的內心。直到我二十九歲那一年，一個來自深夜的經歷終於讓我真正理解了這個偉大的詞彙。當我和這個詞彙有了真實的而不是虛擬的相遇，我所說的不是語言學或者社會學或者人類學意義上的相遇，而是人生經歷裡的一個真實的相遇，一個去除了所有理論和定義之後的活生生的相遇，然後我才能夠告訴自己：「人民」這個詞彙不是空的。因為我曾經見到過它有血有肉的模樣，見到過它心臟的強烈跳動。

我對「人民」的理解，並不是來自於天安門廣場百萬人的大遊行，而是發生在五月下旬深夜的一個小小經歷。當時的北京已經戒嚴，學生和市民自發地守衛起了北京的各個交通要道，以及所有的立交橋和地鐵出口，阻止全副武裝的軍人進入天安門廣場。

那時候我住在北京東邊十里鋪的魯迅文學院，我差不多每天中午騎著一輛各個部位都會發出響聲，可是車鈴不響的破自行車到天安門廣場，在廣場待到深夜或者凌晨才騎車回到學校。

一九八九年五月下旬的北京，中午很熱，可是深夜就冷了。我記得有一天中午出發時，因為太熱只是穿著一件短袖的襯衣，到了深夜的時候，我感到了寒冷，騎車從廣場返回學校，冷風迎面吹來，讓我身體的每個部位和破自行車的每個部位一樣抖動起來。我騎車在路燈熄滅的街道上，月光為我指路。我愈往前騎車，愈是感到寒冷。在逐漸接近呼家樓的時候，我突然感到有一股熱浪在黑暗裡輕微地湧來，隨著我繼續往前，熱浪強烈起來了。接著，我聽到遠處有歌聲在飄揚過來；再接著，我看見遠處有燈光在閃爍。然後驚人的場景出現了，在熱浪滾滾而來時，我看到了燈火通明的呼家樓立交橋，橋上橋下有一萬多人守衛在那裡，他們激情滿懷，在夜空下高唱國歌：

「把我們的血肉，築成我們新的長城！中華民族到了，最危險的時候，每個人被迫著，發出最後的吼聲！起來！起來！起來！我們萬眾一心……」

他們雖然手無寸鐵，可是堅定自信，他們認為自己的血肉之軀可以阻擋部隊和坦克。他們聚集在一起熱氣沸騰，彷彿每個人都是一支熊熊燃燒的火把。

這是我生命裡重要的時刻。在此之前，我一直以為光應該傳得比人的聲音遠，人的聲音又比人身上的熱量傳得遠。可是在我二十九歲的這個深夜，我發現自己錯了。當人民團結起來的時候，他們的聲音傳得比光要遠，而他們身上的熱量傳得比他們的聲音還要遠。我終於真正理解了「人民」這個詞彙。

領袖

我這裡所說的領袖擁有這樣的特權，就是站在天安門城樓上檢閱國慶盛大遊行時，只有他一個人可以向遊行的群眾揮手，其他領導人沒有揮手的權力，只能站在他身旁鼓掌。毫無疑問，這個領袖就是毛澤東。

文化大革命時期，毛澤東身穿軍裝登上天安門城樓，不知道是因為天氣太熱，還是因為高興？他常常脫下軍帽，向遊行的群眾揮動起了手裡的軍帽。毛澤東最具魅力的揮手情景，應該是他暢遊長江以後，身穿浴衣站在船頭向兩岸的群眾揮手致意。

這位領袖將政治家的審時度勢和詩人的我行我素集於一身，他的深謀遠慮時常以即興的方式表達出來。

文革開始，大字報出現了。這些張貼在街頭牆上的大字報像中國傳統建築的窗戶一樣大，少則兩張紙上下排列，多則五、六張紙貼成一排。這可能是中國有史以來最大規模的書法展示，醜陋的字體遍布中國城鎮的大街小巷，偶爾也有漂亮的字體。人們站在街頭津津有味地閱讀，雖然大字報內容都是大同小異的革命語言，可是大字報對平日裡耀武揚威的官員們開始指名道姓的批評，讓閱讀的群眾感到十分興奮。

大字報的出現可以說是弱勢群眾挑戰強勢官員的最初行為，這樣的行為受到共產黨中央和北京的一些高官壓制以後。毛澤東，這位強權人物不是利用自己至高無上的權威去糾正，而是採取了與弱勢群眾相同的做法，也寫了一張大字報：「砲打司令部」。他在自己的大字報裡指出，中國共產黨內存在兩個司令部，一個是無產階級司令部，另一個是資產階級司令部。可以想像當時群眾的狂熱，偉大領袖毛主席都寫出了大字報，這意味著什麼？意味著毛主席也有著和普通群眾一樣的遭遇。不言而喻，無產階級文化大革命立刻像熊熊燃燒的火焰一樣吞噬了中國。

綜觀中國的歷史，無論是貴族出生，還是草根出生，凡是成為了皇帝的，都是約定俗成的皇帝嘴臉和皇帝言行。只有毛澤東例外，他成為領袖之後，常常不按領袖的方式出招，讓他身旁的共產黨領導們時時措手不及。毛澤東深知如何在群眾中間煽風點火，文革初期他頻頻出現在天安門城樓上，接見狂熱的革命學生和革命群眾，讓文化大革命的潮水一浪高過一浪。

暢遊長江更是顯示了這位領袖的獨到風格。一九六六年七月十六日，毛澤東突然出現在武漢革命群眾暢遊長江的活動之中，在兩岸群眾的歡聲雷動裡，在高音喇叭裡唱出的〈東方紅〉裡，七十三歲高齡的毛澤東和五千名群眾一起乘風破浪暢遊長江。與毛澤東一起暢遊長江的群眾激動萬分，他們一邊游泳一邊在波動的江水裡使勁高喊「毛主席萬歲」，骯髒的江水嗆進了他們呼喊口號的嘴裡，又灌進了他們的胃裡，可是他們上岸後都說江水「特別特別的甜」。毛澤東暢遊長江以後，爬上輪船，穿上浴衣，風度翩翩地向兩岸黑壓壓的群眾揮了揮手。毛澤東只是短暫地揮了揮手，就鑽進船艙更衣去了。後來的新聞紀錄片將毛澤東揮手的情景經過剪輯，變成了毛澤東長時間向人民揮手。宣傳畫上的毛澤東揮手情景，更是不知疲倦地定格了長達十多年。

第二天的《人民日報》這樣說：「我們敬愛的領袖毛主席這樣健康，這是全中國人民的最大幸福！是全世界革命人民的最大幸福！」關於自己暢遊長江，毛澤東在詩詞〈水調歌頭〉裡寫道：「不管風吹浪打，勝似閒庭信步。」這就是我所說的領袖，輕描淡寫之間，就將文化大革命推向了瘋狂的境地。

毛澤東暢遊長江的情景攝製成了紀錄片，在中國和中國以外的地區反覆放映；也製作成了宣傳畫，貼滿了中國從城鎮到鄉村的牆壁。身穿浴衣的毛澤東在宣傳畫上被工人、農民、解放軍、學生和商業工作者簇擁著，毛澤東微笑地揮手，工農兵學商幸福地做出了奮勇向前的動作。想一想，哪位政治人物會身穿浴衣向人民揮手？只有毛澤東有此不同凡響的風度。

其實抗戰時期他就具有了這樣的風度，當時他還沒有成為中國的領袖，還在延安的窯洞裡過著苦日子。我行我素的毛澤東在接受美國記者採訪時，手一直在自己的褲襠裡摸索著，一邊捉著蝨子一邊暢談中國的抗日戰爭必將勝利。

文化大革命開始後，毛澤東每次揮手出現時，尾隨其後的共產黨領導們不再是鼓掌了，他們的右手也輕輕揮動起來，因為他們的右手捏著《毛主席語錄》，當時稱之為紅寶書，紅寶書讓他們也有了揮手的機會。當然，他們的手舉得沒有毛澤東高，揮動的幅度也沒有毛澤東大。

文革期間，就是沒有毛澤東出現的場合，這些領導們也是右手輕輕揮動紅寶書，向革命群眾致意。就像現在的女明星沒有化妝絕對不會出現在公眾場合一樣，當時的共產黨領導們手裡沒有紅寶書也絕對不會公開亮相，紅寶書是他們的政治化妝品。

今天的中國共產黨已經是集體領導，當九個政治局常委一起出席新聞發布會時，他們同時向記者們揮手，他們的手舉得一樣高，揮動的幅度一樣大。這時候我就會想起站在天安門城樓上的毛澤東，旁人鼓掌他一人揮手的情景十分突出。撫今追昔，我感到今天的中國已經沒有國家領袖了，只有國家領導人。

正版的領袖毛澤東逝世多年之後，山寨版的領袖在中國如雨後春筍般破土而出。一九九〇年代以後，選美比賽風靡中國的同時，評選領袖的比賽也是接踵而至——時尚領袖、風采領袖、魅力領袖、美女領袖的評選與選美比賽爭豔鬥彩。選美比賽雖然花樣翻新，可是始終局限在「美」上面，比如參賽年齡在六十歲以上「銀美人大賽」，漂亮姑娘們瘋狂喝酒的「醉美人大賽」，還有經過整容手術以後「人造美女大賽」等等。

領袖的比賽沒有局限也沒有邊界，於是各個領域的領袖們層出不窮了。青年領袖、少年領袖和未來領袖等等；創新領袖、地產領袖、IT領袖、傳媒領袖、商界領袖和企業領袖等等……今天中國的領袖之多，令人眼花撩亂。領袖一多，各種領袖峰會自然也多了起來，商界領袖高峰論壇、企業領袖高峰論壇、傳媒領袖高峰論壇等等，這些山寨領袖的高峰論壇，其裝模作樣的程度可與G8峰會相媲美。與此同時，領袖的評選還涉及到了地理和物質的領域，比如風景領袖和電梯領袖。這就是毛澤東之後的今日中國，連電梯們都有自己的領袖了。我不知道明天天亮以後，還會在哪些角落裡冒出一堆新鮮的領袖。

如果評選中國這三十年來貶值速度最快、貶值幅度最大的一個詞彙，我覺得「領袖」將會毫無懸念地當選。

在文革時，「領袖」是一個神聖和偉大的詞彙，是「毛主席」的代名詞，或者說是毛澤東的私有財產。沒有人膽敢聲稱自己是什麼「領袖」，即便是在夢裡也沒有這個膽量。「領袖」一詞，對於毛澤東之外的所有中國人來說是一個禁區。當時流行過這樣一句話「祖國神聖不可侵犯」，然後「神聖不可侵犯」常常掛在了我們的嘴邊。「領袖」就是一個神聖不可侵犯的詞彙，除此之外，「毛」這個姓氏也是神聖不可侵犯的。

我的妻子告訴我，她過去生活的小鎮上有一位工會主席姓毛，小鎮的群眾也叫他毛主席，他自然而然地答應了。結果文化大革命開始後他被打倒了，他的罪行是讓世界上出現了兩個毛主席。這位姓毛的小鎮工會主席從此倒楣。他十分冤枉，眼淚汪汪地申辯，是別人這麼叫他的，不是他自己這麼叫的。打倒他的革命群眾說：

「別人可以這麼叫，你不可以這麼答應，你答應了就是反革命分子。」

童年時，我曾經對自己姓「余」而沒有姓「毛」深感遺憾，心裡經常埋怨我父母的家族裡為什麼沒有姓「毛」的人。我當時不知道，對於平民百姓來說，「毛」既是一個神聖偉大的姓氏，也可能是一個危險的姓氏。

當時有一個流行的比喻，就是將共產黨比喻成人民的母親。我心裡暗暗思忖，如果有母親，必然有父親，誰是我們中國人民的父親？理所當然是毛澤東。我童年的邏輯將中國共產黨變成了毛夫人，可是毛澤東的正宗夫人江青怎麼辦？當時我是文革時期的紅小兵，只知道男女平等和一夫一妻制，不知道中國過去的男人可以有幾個夫人，更不會想到今天中國的男人會有二奶和情人。年幼的我左思右想，把自己的腦袋想疼了，也想不出一個兩全其美的方案。

我小時候心目中的領袖除了毛澤東，還有四位外國領袖。在我小學一年級的教室裡，前面黑板上面掛著毛澤東的肖像，後面的牆上並排掛著馬克思、恩格斯、列寧和史達林的肖像。馬克思、恩格斯、列寧和史達林是我最早見到的外國人。我們曾經好奇馬克思和恩格斯的長頭髮，比我們小鎮上女人的頭髮還要長，當時的中國女人都是一樣的齊耳短髮，列寧和史達林在我們看來還算屬於正常的男人髮型。童年的時候，我們是以頭髮的長短來區分男女的性別，所以馬克思和恩格斯的髮型令我們好奇。尤其是馬克思，他蓬鬆的鬈髮差不多遮住了耳朵，我們小鎮上女人的耳朵就像馬克思的耳朵那樣，在頭髮裡時隱時現。好在馬克思還有一臉的絡腮鬍子，阻止了我們對他性別的繼續猜想。可是我們班上有一個同學竟然無視馬克思臉上絡腮鬍子的存在，公然宣稱：

「馬克思是個女的。」

這個同學差點因此成為小反革命。那時文化大革命開始了，我們小學有一個二年級的女生，因為把毛澤東的肖像折疊了，讓毛澤東的臉上出現了一個十字架的影子，她因此被打倒，我們都叫她「小反革命分子」。她在全校的批判大會上痛哭流涕，口齒不清地交代自己的反革命罪行。

批判會後，我們一年級的學生被老師召集到一起，要求我們揭發其他隱藏在同學中的小反革命分子。記得有兩個人被同學們揭發了出來，第一個名字我們不熟悉，老師問了很久才知道那是一個三歲的男孩，是揭發者鄰居的孩子，這個男孩說過一句反動的話，就是在某一個黃昏的時候，他說了一句：「太陽掉下去了。」當時流行把毛澤東比喻成紅太陽，因此我們不能隨便說到「太陽」，就是在黃昏的時候也只能說「天快要黑了」。這個男孩說太陽掉下去了，等於是在說毛澤東掉下去了。

第二個被揭發出來的就是我們班上那個宣稱馬克思是女人的同學，他嚇得臉色慘白。當老師問他是否說過這句反動的話時，他哇哇大哭了，哭得一把眼淚一把鼻涕，一邊咳嗽一邊結巴地說：

「好像說過。」

我們的老師拯救了他，問他：「是好像說過，還是好像沒有說過？」

這個同學沉淪在驚恐和哭泣裡，語無倫次地回答，一會兒是好像說過，一會兒又是好像沒有說過。直到揭發會結束時，他仍然在「好像」裡不能自拔。「好像」救了他，讓此事後來沒有了結果。

我年幼時曾經以為毛主席就是這位領袖的姓名。那個時代人人嘴上都掛著「毛主席」，這三個字脫口而出時，比叫爺爺爸爸還要親熱；若有人直呼其名，就是大為不敬。好在當時人們常常高呼「毛澤東思想萬歲」，常常高唱「東方紅，太陽升，中國出了個毛澤東」，讓我明白了原來毛主席是姓氏加官銜，毛澤東才是其真正的姓名。

二〇〇九年的端午節，一條搞笑的手機短信在中國流行：「新華社北京五月二十八日電：中國科學院成功克隆（Clone，生物複製）毛澤東，各項生理指標均達到其盛年水平。新聞發布後，在全球引起強烈反響，奧巴馬（歐巴馬）立即聲明：美國在三天之內廢除和台灣關係法並撤走在亞洲的一切軍事力量。日本首相於當天下令炸毀靖國神社，並承認釣魚島是中國領土並賠償侵華損失十三萬億美元。歐盟聲明解除對華武器禁售。梅德韋傑夫（俄國第三任總統）簽署公告，稱大興安嶺之北三百萬公里土地屬於中國。蒙古向聯合國遞交聲明，稱蒙中兩國歷來是一個國家。馬英九表示一切聽從大陸安排，並申請到國家文史館當研究員。金正日正式通電六方會談代表，按毛主席指示辦。國內形勢迅速扭轉：二十四小時內縣級以上幹部退繳贓款九百八十萬億元；私營企業主動改制歸公；二千五百萬三陪女一夜之間從良；全國股市一片紅；房價下跌百分之六十；十三億中國人民再次唱起了時代最強音：東方紅，太陽升，中國又出了個毛澤東。」

將「中國出了個毛澤東」變成「中國又出了個毛澤東」，民間的幽默讓這位逝世三十多年的領袖重返人世間，然後全世界為之膽怯，中國的腐敗官僚們更是聞風喪膽，困擾今日中國的歷史問題、外交問題和國內問題通通迎刃而解。這個狂想曲似的幽默意味著什麼？是否表達了很多中國人不滿現實的心態？是否暗示了一些新民族主義者的狂熱？或者說僅僅只是一個幽默，一個對我們今日生存環境自我嘲笑的幽默？我想可能都有，甚至意味著更多。

中國在毛澤東逝世以後的三十多年裡創造了驚人的經濟奇蹟，然而付出的代價更是驚人。二〇一〇年七月初，南非世界盃結束之前我離開時，約翰尼斯堡國際機場的離境免稅店裡插滿了嗚嗚祖拉（一種長約一米的號角），每支售價一百元人民幣左右。我回國後才知道這些中國製造的出口價只有二元六角人民幣，這個可憐的價格裡還包含了環境污染等等問題。中國浙江的一家企業生產了一千萬支嗚嗚祖拉，可是利潤只有十多萬元人民幣。一位我尊敬的老者說過這樣的話：中國是付出一百元掙回十元的GDP增長模式。環境的破壞，道德的淪喪，貧富差距拉大，腐敗現象叢生，使今天中國的社會矛盾愈來愈激化。幾百上千，甚至上萬的群眾衝擊政府機關，砸汽車燒房子這樣的群體性事件層出不窮。

很多人開始懷念過去的毛澤東時代，我想他們中間的大多數可能只是懷念而已，並非真正想回到那個時代。對於這些人來說，毛澤東時代雖然生活貧窮而且壓抑人性，可是沒有普遍的和殘酷的生存競爭，只有空洞的階級鬥爭，當時的中國其實沒有階級的存在，所以這樣的鬥爭僅僅停留在口號裡。那個時代人們節衣縮食平等相處，只要小心翼翼，誰都可以平安度過一生。

今天的中國完全不一樣了，激烈的競爭和巨大的壓力讓很多中國人的生存像戰爭一樣。在這樣一個社會環境裡，弱肉強食、巧取豪奪和坑蒙拐騙自然流行起來，於是安分守己者常常被淘汰，膽大妄為者常常會成功。價值觀的改變和財富的重新分配造成了社會分化，社會分化帶來了社會衝突，今天的中國已經真正出現了階級和階級鬥爭。

鄧小平在毛澤東之後，憑藉其個人的威望倡導了中國的改革開放，可是這位老人在生命的最後幾年裡思考：發展以後出現的問題，比不發展還要多。

也許正是中國發展以後出現了太多的社會問題，毛澤東在逝世以後才會不斷「復活」。不久前中國的網絡上曾經出現過一個規模不大的民意測試——「假如毛澤東在今日醒來」。百分之八十五的人認為將是一件好事，百分之十的人認為將是一件壞事，認為對世界和中國不會再有影響的人只有百分之五。

我無法知道參與這個網絡民意測試的人群組合，如果根據中國網民的人群結構，我想可能是年輕人居多。今天中國年輕的一代對毛澤東所知甚少，他們也紛紛加入到讓「毛澤東復活」的行列之中，是否暗示了這樣的事實：「毛澤東復活」已經成為了廣泛意義上的社會心態的表達。這樣的社會心態錯綜複雜，不同階層、不同地位、不同觀念和不同遭遇的人，在這裡聚集了相同的不滿，既認真又搞笑地舉行了借屍還魂的儀式。

「假如毛澤東在今日醒來」的網絡話題討論中，有人詼諧地寫道：毛澤東爬出水晶棺材，在太陽初升之時，走出毛主席紀念堂的大門，站在台階上看著他既熟悉又陌生的天安門廣場。這時候一些遊客發現了他，立刻奔跑過來，對著毛澤東喊叫：

「古月，請給我們簽個名。」

古月是一位經常在電影裡扮演毛澤東而在中國出名的演員。

我剛上小學的時候，自豪地認為中國是世界上最偉大的國家。我的論據有兩點：一是我們中國有偉大領袖毛主席，外國的四位領袖馬克思、恩格斯、列寧和史達林都逝世了，外國已經沒有偉大領袖了；二是我們中國的人口最多，毛主席說人多力量大。

可是當毛主席三個世界的理論在報紙上和廣播裡天天出現後，我暗暗傷心了，沒想到美帝和蘇修是第一世界，日本和歐洲國家是第二世界，而我們偉大的中國竟然和亞洲、非洲、拉丁美洲的小國家一起擠到第三世界去了。

年幼無知的我如何能夠理解毛澤東的胸懷？在中國革命勝利之後，毛澤東沒有因此故步自封，他不滿足於只做中國人民的領袖，他想成為世界上所有被剝削被壓迫者的領袖，他豪情滿懷地說：「哪裡有剝削，哪裡就有矛盾；哪裡有壓迫，哪裡就有反抗。」他開始思考世界革命，他要解放全世界的無產者，並且付諸行動，開始輸出革命。很多年過去了，毛澤東對於中國的功過是非暫且不論，有一個事實卻是愈來愈鮮明，就是毛澤東思想沒有因為他生命的結束而消失，對於世界的影響反而與日俱增。我發現，對於世界上很多地方的很多人，毛澤東在中國做過什麼已經不重要了，重要的是他的思想歷久彌新，而且像種子一樣在世界各地「生根開花結果」。

二〇〇九年五月一日，奧地利的人民在維也納舉行了盛大的遊行，他們高舉馬克思、恩格斯、列寧、史達林和毛澤東的巨幅肖像。類似的情景也在歐洲的其他城市不斷出現，這是否暗示了這樣一個現實：「毛澤東復活」既是中國本土化的社會心態，也是全球化的社會心態。如果是，那麼意味著什麼？我想最簡單的答案就是：世界病了需要革命，就像人體病了需要炎症一樣。

二〇〇八年十一月，我們一行人組成民間知識分子代表團，訪問尼泊爾。那時候尼泊爾共產黨（毛澤東主義）已經獲得議會選舉的勝利，尼共（毛）的領導人普拉昌達成為了新一屆政府的總理。可是就在我寫作這篇文章的時候，普拉昌達已經辭去了尼泊爾總理的職務。我的眼前重現了普拉昌達坐在總理府會客室的情景。他側著身體，用堅定的語氣告訴我們：一萬九千名尼泊爾解放軍官兵今後的生活和工作，必須得到公正的解決。

也許正是尼泊爾解放軍和政府軍是否應該合併的難題，讓這位倔強的領導人離開了總理的寶座。

在尼泊爾期間，我們訪問了尼共（毛）解放軍的營地。我們是經過了聯合國維和部隊的營地後，來到了解放軍的營地。尼共（毛）解放軍的營地雖然設施簡陋，而且沒有槍枝彈藥，可是這支正在等待前途的沒有武器的軍隊仍然紀律嚴明。我們一進軍營，生機勃勃的景象立刻撲面而來。

當我們進入營房時，我童年小學教室的情景重現了。牆上掛著馬克思、恩格斯、列寧、史達林和毛澤東的肖像，當然還有普拉昌達的肖像。就像文革時馬恩列史的肖像在中國入鄉隨俗，和毛澤東的肖像同居一室那樣；馬恩列史毛的肖像也在尼共（毛）的營地入鄉隨俗，與普拉昌達的肖像一起微笑。當五個肖像變成六個時，似乎告訴了我們：革命為什麼會生生不息。

到了晚上，我們和尼共（毛）解放軍軍官聯歡，酒過之後我們全體起立，放聲高唱文革時將毛澤東詩詞改成的歌曲〈長征〉。我們用中文唱，尼共（毛）解放軍用尼泊爾文唱，儘管歌唱者的心態不盡相同，可是兩種語言唱出來時，像是只有一種語言。

文革的時候，不僅毛澤東的詩詞，就是毛澤東的語錄也都被譜寫成了歌曲。大人會唱，孩子也會唱；有學問的人會唱，文盲也會唱；人民群眾會唱，地主、富農、反革命、壞分子、右派也都會唱。從這個角度說，毛澤東是中國有史以來最具影響力的歌詞作家。

與此同時，毛澤東的詩詞和語錄也在我們的生活裡無處不在。從城市到農村，從磚牆到土牆，從屋裡到屋外，布滿了毛澤東的詩詞和語錄，還有毛澤東如紅太陽一樣金光閃閃的頭像。我們吃飯的碗上印有毛澤東語錄「革命不是請客吃飯」，我們喝水的杯子上印有毛澤東詩詞：「才飲長沙水，又食武昌魚。」毛澤東的詩詞和語錄讓我們在日常生活裡時刻觸景生情，當我們睡覺時，枕巾上印著「千萬不要忘記階級鬥爭」，床單上印著「在大風大浪中奮勇前進」。

廁所的牆上印著毛澤東的頭像，痰盂上印著毛澤東語錄。今天來看，覺得這兩個地方不應該出現毛澤東，可是當時竟然無人指出這一點。當時人人都這樣說：

「毛主席就在我們身邊。」

我曾經相信毛澤東時刻都在我的身邊。我做了好事，他老人家會高興；我做了錯事，他老人家會失望。我童年最幸福的時刻，就是晚上夢見毛澤東。我總共夢見過他三次，有一次他走到我身旁，親切地摸著我的頭髮，和我說了幾句話。

為此我激動無比，喜氣洋洋地去告訴小夥伴們，說我夢見毛主席了，毛主席還摸著我的頭髮和我說話。讓我傷心的是，沒有一個小夥伴相信我夢見毛主席了，他們說我是在吹牛，他們說：

「你怎麼可能夢見毛主席？毛主席怎麼可能到你夢裡來和你說話？」

現在回想起來，我的小夥伴們沒有說錯。「毛主席就在我們身邊」只是文化大革命的一個超現實，毛澤東金光閃閃的頭像和毛主席紅色字體的語錄，以無處不在的方式營造了這個超現實。真正現實中的毛澤東，對於我們來說是那麼的遙遠和虛幻，只是存在於某個象徵之中。我和毛澤東之間的真實距離，如同我童年的夥伴們所說的那樣，就是在夢中也不會相遇。

文革時期，我們小鎮上有個人去過一次北京，這個人回來以後聲稱和毛澤東握手了，他熱淚盈眶地告訴我們小鎮的群眾：毛主席親切地握住他的手，親切地問他叫什麼名字？時間長達四秒多，然後別人的手搶走了毛主席的手。他萬分可惜地說：

「差一點點就是五秒鐘了。」

這個人理所當然地成為了我們小鎮的英雄，我經常看到他揹著一個黃綠色的軍用書包，在街上神采飛揚地走去。他的右手因為和毛澤東的右手接觸過，整整一年沒有清洗，看上去似乎比他的左手粗大了一些，又黑又髒像是熊掌。我們小鎮上認識他的人都去和他的熊掌握手，然後喜滋滋地互相說：

「我握了毛主席握過的手。」

我長大成人以後，有時候會和來自中國不同地區的朋友們共同回憶文革經歷，時常說起這件往事，然後知道朋友們生活過的地方也都有這樣的人，有些地方不止一個。我開始懷疑這個過去的小鎮英雄可能是在吹牛，毛澤東的手是那麼容易握到的？我心想他可能是擠在天安門廣場上黑壓壓的人群裡，接受過毛澤東的檢閱，就是那種遠遠地看到毛澤東在天安門城樓上揮手的檢閱。他隱約看見了毛澤東的手，然後虛構了和毛澤東的握手，當我們小鎮上所有的人都堅信不疑之後，他自己也信以為真了。

那時候，毛澤東像太陽一樣金光閃閃的頭像總是在天安門城樓之上，而且毛澤東頭像的尺寸明顯大於天安門城樓。我幾乎天天要看到這樣威風凜凜的頭像，在我們的小鎮的牆上隨處可見，我們幾乎天天唱著這樣的歌：

「我愛北京天安門，天安門上太陽升，偉大領袖毛主席，指引我們向前進。」

我曾經有過一張照片，照片中的我大約十五歲左右，站在廣場中央，背景就是天安門城樓，而且毛澤東的巨幅畫像也在照片裡隱約可見。這張照片並不是攝於北京的天安門廣場，而是攝於千里之外的我們小鎮的照相館裡。當時我站著的地方不過十五平方米，天安門廣場其實是畫在牆上的布景。可是從照片上看，我像是真的站在天安門廣場上，唯一的破綻就是我身後的廣場上空無一人。

這張照片凝聚了我童年和少年時期全部的夢想，或者說也是很多居住在北京之外的中國孩子的夢想。在那個時代的中國，差不多所有的城市和小鎮的照相館裡，都有一幅天安門廣場的布景，滿足人們畫餅充飢的願望。因為對很多生活在北京之外的人來說，天安門城樓似乎就是毛澤東的家。我站在虛擬的毛澤東家門前拍下了一張照片，可惜的是這張照片後來遺失了。

我對天安門城樓的嚮往，其實是對毛澤東嚮往的延伸。文革期間，每一年的國慶節都有一部關於毛澤東、關於天安門的紀錄片。當這一年的紀錄片發行到我們小鎮放映時，往往已經是冬天了。我穿著臃腫的棉衣，頂著夜晚的寒風向電影院走去，然後坐在沒有暖氣的電影院裡，看著銀幕上秋天的天安門廣場，毛澤東站在城樓上向著國慶節遊行的隊伍揮手致意。

我印象最深的還是夜色降臨以後，毛澤東他們坐在天安門城樓上，桌上擺著令我垂涎三尺的水果和糕點，廣場的上空被禮花照得一片通明，這是少年時期最讓我心曠神怡的情景。當時我們過年過節最多是放幾個鞭炮，如此多的禮花在空中長時間的開放，雖然是在銀幕上，也足以讓我目瞪口呆。

在後來有關國慶節的紀錄片裡，毛澤東的身旁出現了西哈努克，一個被廢除了王位的柬埔寨國王，還有他的首相賓努親王。西哈努克笑容可掬，賓努親王歪著腦袋像鐘擺似的不停地點頭。這時候我已經進入了想入非非的少年時期，西哈努克和賓努的兩位年輕美貌的夫人吸引了我，她們在以後的國慶紀錄片中每一次出現，都讓我感到是找到了紀錄片的主題。而白天的遊行和夜晚的禮花對我來說已經不重要了，西哈努克和賓努成為了這個世界上最讓我羨慕的兩個男人。尤其是那個賓努親王，我心想他都老成那樣了，而且連頭都抬不直，可是他的夫人卻是如花似玉。

有關毛澤東最為漫長的記憶，應該是來自我房間的房頂。我的父親每年都要更換一次房頂上的舊報紙，一方面是為了防止灰塵掉下來，另一方面也是為了美化我們的房頂，當時我們居住的房間可以一目了然地看到上面的瓦片，所以我父親就在房頂上糊上一層舊報紙，讓我們感到上面的瓦片被隔開了。我的童年和少年時期就是在舊報紙下面度過的，只要我躺到床上，我就會看到舊報紙上面所有的標題，舊報紙上的文章因為高高在上就無法看清。幾乎是每一年國慶節出刊的報紙上，第一版都是毛澤東站在天安門城樓上的巨幅照片。毛澤東最早出現在我的房頂上時，他身邊站著的是劉少奇；沒過多久，劉少奇就消失了，林彪站到了毛澤東的身邊，還是沒過了多久，林彪也消失了；然後，一個名叫王洪文的文革造反派出現在毛澤東身邊。毛澤東身邊的人不斷更換，而每年國慶節報紙第一版的整版照片裡唯一沒有更換的人就是毛澤東。隨著我房頂舊報紙的更換，我看著毛澤東的形象逐漸衰老，後來因為國慶節報紙的第一版不再刊登實地拍攝的毛澤東照片，改用當時統一的掛滿全國的毛澤東像，毛澤東在我房頂上的衰老才被制止住。

一九七六年九月的一天早晨，當時我是高二的學生，我們像往常一樣在上課前全體起立，對著黑板上方的毛澤東標準像，齊聲說道：

「祝偉大領袖毛主席萬壽無疆！」

然後坐下朗讀起了語文課本裡有關毛澤東的段落，當時所有的文章在描寫毛澤東形象時，一律只有八個字：紅光滿面，神采奕奕。

這八個字從我小學一年級的課本開始，一直延續到我高中二年級的課本，始終沒有變化。就在我們剛剛朗誦完毛澤東「紅光滿面，神采奕奕」時，學校的高音喇叭響了，打斷了我們的朗誦，通知學校全體師生立刻到禮堂集合，九點鐘有重要廣播。

我們搬起了自己的椅子，走向了學校的禮堂。當一千多名師生都在禮堂坐下後，等待了差不多有半個小時，九點鐘到了，廣播裡響起了哀樂。我立刻有了不祥之感，在此之前中國共產黨的兩位重要領導人周恩來和朱德也逝世了，這一年我們經常聽到廣播裡傳來的哀樂。

漫長的哀樂結束後，播音員沉痛的聲音緩慢響起：「中國共產黨中央委員會，中國共產黨中央軍事委員會，中華人民共和國國務院，全國人民代表大會，全國政治協商會議……」

我等待了很久，才聽到這五個最高權力機構聯合發出的「訃告」一詞，播音員的聲音繼續沉痛和緩慢地響著：「偉大的領袖，偉大的導師，偉大的統帥，偉大的舵手……」我又等待了很久，才聽到毛澤東主席因病不幸逝世，播音員沉痛的聲音還沒有說到「享年八十三歲」，我們學校的禮堂已是一片哭聲。

我們的領袖逝世了，我的眼淚也是奪眶而出。我在一千多人的哭聲裡哭著，我聽到了呼天喊地的哭聲，聽到了上氣不接下氣的哭聲，聽到了快要噎死般咳嗽的哭聲……我的思維開始走調了，悲痛不再左右我，離奇的哭聲開始引導我。當幾個人哭的時候，我感受到的肯定是悲痛，可是當一千多人同時在一間大屋子裡哭，我感受到的卻是滑稽。我從來沒有聽到過如此豐富多彩的聲音，我心想就是全世界所有品種的動物派出它們的代表，集合到我們中學的禮堂裡一起嘶叫，也可能沒有比這一千多人的哭聲更加稀奇古怪。

這個不合時宜的念頭差點要了我的命，我忍不住偷偷笑了一下，又趕緊將後面湧上來的笑給憋回去。在當時，一旦我的笑容被人發現，我立刻就被打成反革命分子，我的一生就會因此完蛋。我使勁憋住自己的笑，可是笑在我體內迅速發展，馬上就要洶湧而出了。我知道快要憋不住自己的笑聲了，我極其害怕，我將雙臂交叉地放到前面同學的椅背上，將腦袋深深地埋進自己的雙臂裡。我在一千多人的哭聲裡，膽戰心驚地笑著，我愈是想制止自己的笑，愈是笑個不停。

坐在我身後的幾個痛哭流涕的同學，淚眼朦朧地看到我趴在前面同學的椅背上，看到我因為止不住的笑而劇烈抖動的肩膀。這幾個同學錯誤地認為我對毛澤東的感情很深，他們後來這麼說：

「余華哭得最傷心，他的肩膀抖動得最厲害。」

閱讀

我在一個沒有書籍的年代裡成長起來，所以不知道自己的閱讀是如何開始的。為此我整理了自己的記憶，我發現，竟然有四個不同版本的故事講述了我最初的閱讀。

第一個版本是在我小學畢業那一年的暑假，應該是一九七三年。文化大革命來到了第七個年頭，我們習以為常的血腥武鬥和野蠻抄家過去幾年了，這些以革命的名義所進行的殘酷行動似乎也感到疲憊了，我生活的小鎮進入到了壓抑和窒息的安靜狀態裡，人們變得更加膽小和謹慎，廣播裡和報紙上仍然天天在大講階級鬥爭，可是我覺得自己很久沒有見到階級敵人了。

這時候我們小鎮的圖書館重新對外開放，我父親為我和哥哥弄來了一張借書證，讓我們在無聊的暑假裡有事可做，從那時起我開始喜歡閱讀小說了。當時的中國，文學作品幾乎都被稱之為毒草。外國的莎士比亞、托爾斯泰、巴爾扎克他們的作品是毒草；中國的巴金、老舍、沈從文他們的作品是毒草；由於毛澤東和赫魯雪夫反目為敵，蘇聯時期的革命文學也成為了毒草。大量的藏書被視為毒草銷毀後，重新開放的圖書館裡沒有多少書籍，放在書架上的小說只有二十來種，都是國產的所謂社會主義革命文學。我把這樣的作品通讀了一遍，《豔陽天》、《金光大道》、《牛田洋》、《虹南作戰史》、《新橋》、《礦山風雲》、《飛雪迎春》、《閃閃的紅星》……當時我最喜歡的書是《閃閃的紅星》和《礦山風雲》，原因很簡單，這兩本小說的主角都是孩子。

這樣的閱讀在我後來的生活裡沒有留下什麼痕跡，我沒有讀到情感，沒有讀到人物，就是故事好像也沒有讀到，讀到的只是用枯燥乏味的方式在講述階級鬥爭。可是我竟然把每一部小說都認真讀完了，這是因為我當時的生活比這些小說還要枯燥乏味。中國有句成語叫飢不擇食，我當時的閱讀就是飢不擇食。只要是一部小說，只要後面還有句子，我就能一直讀下去。

二〇〇二年秋天我在德國柏林的時候，遇到兩位退休的漢學教授，說起了一九六〇年代初期中國的大饑荒。這對夫妻教授講述了他們的親身經歷，當時他們兩人都在北京大學留學，丈夫因為家裡的急事先回國了，兩個月以後他收到妻子的信，妻子在信裡告訴他：不得了，中國學生把北京大學裡的樹葉吃光了。

就像飢餓的學生吃光了北京大學裡的樹葉那樣，我的閱讀吃光了我們小鎮圖書館裡比樹葉還要難吃的小說。

我記得圖書館的工作人員是一位中年女性，她十分敬業。每次我和哥哥將讀完的小說送還回去的時候，她都要仔細檢查圖書是否有所損壞，確定完好無損後，才會收進去，再借給我們其他的小說。有一次她發現我們歸還的圖書封面上有一滴墨跡，她認為是我們損壞了圖書，我們申辯這滴墨跡早就存在了。她堅持認為是我們幹的，她說每一本書歸還回來的時候都認真檢查了，這麼明顯的墨跡她不可能沒有發現。我們和她爭吵起來，爭吵在當時屬於文鬥。我的哥哥是一名紅衛兵，文鬥對他來說不過癮，武鬥方顯其紅衛兵本色，他抓起書扔向她的臉，接著又揚手搧了她一記耳光。

然後我們一起去了小鎮派出所，她坐在那裡傷心地哭了很久，我哥哥若無其事地在派出所裡走來走去。派出所的所長一邊好言好語安慰她，一邊訓斥我那自由散漫的哥哥，要他老實坐下，我哥哥坐了下來，很有派頭地架起了二郎腿。

這位所長是我父親的朋友，我曾經向他請教過如何打架，他當時打量著弱小的我，教了我一招，就是趁著對方沒有防備之時，迅速抬腳去踢他的睾丸。

我問他：「要是對方是個女的？」

他嚴肅地說：「男人不能和女人打架。」

我哥哥的紅衛兵武鬥行為讓我們失去了圖書館的借書證，我沒有什麼遺憾的，因為我已經將圖書館裡所有的小說都讀完了。問題是暑假還沒有結束，我閱讀的興趣已經起來了。我渴望閱讀，可是無書可讀。

當時我們家中除了父母專業所用的十來冊醫學方面的書籍，只有四卷本的《毛澤東選集》和一本叫做紅寶書的《毛主席語錄》。紅寶書就是從《毛澤東選集》裡摘出來的語錄彙編。我無精打采地翻動著它們，等待閱讀的化學反應出現，可是翻動了很久，發現自己還是毫無閱讀的興趣。

我只好走出家門，如同一個飢腸轆轆的人尋找食物一樣，四處尋找起了書籍。我身穿短褲背心，腳上是一雙拖鞋，走在我們小鎮炎炎夏日裡發燙的街道上，見到一個認識的同齡男孩，就會叫住他：

「喂，你們家有書嗎？」

那些和我一樣身穿短褲背心、腳蹬一雙拖鞋的男孩們，聽到我的問話後都是表情一愣，他們可能從來沒有遇到過這樣的詢問，然後他們個個點著頭說家裡有書。可是當我興致勃勃地跑到了他們家裡，看到的都是同樣的四卷本的《毛澤東選集》，而且都是從未被翻閱過的新書。我因此獲得了經驗，當一個被我詢問的男孩聲稱他家裡有書時，我就會伸出四根手指繼續問：

「有四本書？」

他點頭後，我的手垂了下來，再問一句：「是新書？」

他再次點頭後，我就會十分失望地說：「還是《毛澤東選集》。」

後來我改變了詢問的方式，我開始這樣問：「有舊書嗎？」

我遇到的都是搖頭的男孩。只有一個例外，他眨了一會兒眼睛後，點著頭說他家裡好像有舊書。我問他是不是有四本書？他搖著頭說好像只有一本。我懷疑這一本是紅寶書，問他封面是不是紅顏色的？他想了想後說，好像是灰乎乎的顏色。

我喜出望外了。他的三個「好像」的回答讓我情緒激昂，我用滿是汗水的手臂摟住他滿是汗水的肩膀，往他家裡走去時，說了一路的恭維話，說得他心花怒放。到了他的家中，他十分賣力地搬著一把凳子走到衣櫃前，站到凳子上，在衣櫃的頂端摸索了一會兒，摸出一本積滿灰塵的書遞給我，我接過來時心裡忐忑不安，這本尺寸小了一號的書很像是紅寶書。我用手擦去封面上厚厚的灰塵之後，十分失望地看到了紅色的塑膠封皮，果然是紅寶書。

我在外面的努力一無所獲之後，只好回家挖掘潛力，用現在時髦的話來說，就是拉動內需。我將家裡的醫學書籍粗粗瀏覽了一遍，就將它們重新放回到書架上，當時我粗心大意，沒有發現醫學書籍裡面所隱藏的驚人內容，直到兩年之後才發現這個祕密。我放棄醫學書籍之後，可供選擇的書籍只有嶄新的《毛澤東選集》和翻舊了的紅寶書。這是當時每個家庭相似的情況，四卷本的《毛澤東選集》只是家裡的政治擺設，平日裡拿來學習的是紅寶書。

我沒有選擇紅寶書，而是拿起了《毛澤東選集》第一卷。這一次我十分仔細地閱讀起來，然後我發現了閱讀的新大陸，就是《毛澤東選集》裡的注釋引人入勝。從此以後，我手不釋卷地讀起了《毛澤東選集》。

當時的夏天，人們習慣在屋外吃晚飯，先是往地上潑幾盆涼水，一方面是為了降溫，另一方面是為了壓住塵土，然後將桌子和凳子搬出來。晚飯開始後，孩子們就捧著飯碗走來走去，眼睛盯著別人桌上的菜，吃著自己碗裡的飯。我總是很快吃完晚飯，放下碗筷後，立刻捧起《毛澤東選集》，在晚霞下如飢似渴地讀了起來。

鄰居們見到後讚嘆不已，誇獎我小小年紀，竟然如此刻苦學習毛澤東思想。

我的父母聽了這些誇獎，得意之情溢於言表。在私底下，他們小聲談論起了我的前途，他們感嘆文化大革命讓我失去了學習的機會，否則他們的小兒子將來有可能成為一名大學教授。

其實我根本沒有在學習毛澤東思想，我讀的是《毛澤東選集》裡的注釋，這些關於歷史事件和歷史人物的注釋，比我們小鎮圖書館裡的小說有意思多了。這些注釋裡雖然沒有情感，可是有故事，也有人物。

第二個版本發生在我中學時期，我開始閱讀一些被稱之為毒草的小說。這些逃脫了焚毀命運的文學倖存者，開始在我們中間悄悄流傳。我想，可能是一些真正熱愛文學的人將它們小心保存了下來，然後被人們在暗地裡大規模地傳閱。每一本書都經過了上千個人的手，傳到我這裡時已經破舊不堪，前面少了十多頁，後面也少了十多頁。我當時閱讀的那些毒草小說，沒有一本的模樣是完整的。我不知道書名，不知道作者；不知道故事是怎麼開始的，也不知道故事是怎麼結束的。

不知道故事的開始我還可以忍受，不知道故事是怎麼結束的實在是太痛苦了。每次讀完一本沒頭沒尾的小說，我都像是一隻熱鍋上的螞蟻到處亂竄，找人打聽這個故事後來的結局。沒有人知道故事的結局，他們讀到的小說也都是沒頭沒尾的，偶爾有幾個人比我多讀了幾頁，就將這幾頁的內容講給我聽，可是仍然沒有故事的結局。這就是當時的閱讀，我們在書籍的不斷破損中閱讀。每一本書在經過幾個人或者幾十個人的手以後，都有可能少了一、兩頁。

我無限惆悵，心想我前面的這些讀者真他媽的缺德，自己將小說讀完了，也不將掉下來的書頁黏貼上去。

沒有結局的故事折磨著我，誰也幫不了我，我開始自己去設想故事的結局。就像〈國際歌〉中所唱的那樣：「從來就沒有什麼救世主，也不靠神仙皇帝。要創造人類的幸福，全靠我們自己。」每天晚上熄燈上床後，我的眼睛就在黑暗裡眨動起來，我進入了想像的世界，編造起了那些故事的結局，並且被自己的編造感動得熱淚盈眶。

我不知道當初已經在訓練自己的想像力了，我應該感謝這些沒頭沒尾的小說，它們點燃了我最初的創作熱情，讓我在多年之後成為了一名作家。

我讀到的第一本外國小說也是一樣的沒頭沒尾，我不知道書名是什麼，作者是誰？不知道故事的開始，也不知道故事的結束。我第一次讀到了性描寫，讓我躁動不安，同時又膽戰心驚。讀到性描寫的段落時，我就會緊張地抬起頭來，四處張望一會兒，確定沒有人在監視我，我才繼續心驚肉跳地往下讀。

文革結束以後，文學回來了。書店裡擺滿了嶄新的文學作品，那期間我買了很多外國小說，其中有一本小說的書名叫《一生》，是法國作家莫泊桑的作品。有一天晚上，我躺在床上，開始閱讀這本《一生》。讀到三分之一的篇幅時，我驚叫了起來：原來是它！

我多年前心驚肉跳閱讀的第一本沒頭沒尾的外國小說，就是莫泊桑的《一生》。

我當時閱讀的那些毒草小說裡，唯一完整的一本是法國作家小仲馬的《茶花女》。那時候文革快要結束了，我正在上高中二年級，《茶花女》是以手抄本的形式來到我們手上。後來我閱讀了正式出版的《茶花女》，才知道當初讀到的只是一個縮寫本。

當時偉大領袖毛澤東剛剛去世，他生前指定的接班人華國鋒被我們稱之為英明領袖。華國鋒當時正在曇花一現，後來隨著鄧小平的復出，他就淡出了中國的政治舞台。我記得一個同學把我叫到一邊，悄悄告訴我，他借到了一本曠世好書，他看看四周沒人，神祕地說：

「是愛情的。」

聽說是愛情的，我立刻熱血沸騰了。我們一路小跑，來到了這個擁有《茶花女》手抄本的同學的家中，喘息未定，這個同學從書包裡取出白色銅版紙包著的手抄本，打開銅版紙的正面以後，我嚇了一跳，他竟然用英明領袖華國鋒的標準像包裝起了《茶花女》，我叫了起來：

「你這個反革命分子。」

他同樣嚇了一跳，他也不知道包著《茶花女》的是華國鋒的標準像，他說是另一個反革命分子幹的，就是借給他《茶花女》的那個反革命。然後我們商量怎麼處理已經皺巴巴的華國鋒肖像，他說扔到屋外的河裡去，我說不行，還是燒毀吧。

我們不留痕跡地處理掉華國鋒肖像，然後端詳起了手抄本的《茶花女》，清秀的字體抄寫在一本牛皮紙封皮的筆記本上。這個同學告訴我，只有一天時間，明天就要將手抄本還給人家。我們兩個人的腦袋湊在一起閱讀了，這是激動人心的閱讀過程，讀到三分之一篇幅的時候，我們兩個人已經感嘆不已，沒想到世界上還有這麼好的小說。我們開始害怕失去它了，我們想永久占有它。看看手抄本《茶花女》並不是浩瀚巨著，我們決定停止閱讀，開始抄寫，在明天還書之前抄寫完成。

這個同學找來一本他父親沒有用過的筆記本，也是牛皮紙封皮的，我們開始了接力抄寫。我先上陣，抄寫累了，他趕緊替下我；他抄寫累了，我接過來。在他父母快要下班回家的時候，我們決定撤離，去一個更加安全的地方。我們商量了一下，決定返回學校的教室。

當時我們高中年級在二樓，初中年級在一樓。雖然所有教室的門都上了鎖，可是總會有幾扇窗戶沒有插好鐵栓，我們沿著一樓初中年級教室的窗戶檢查過去，找到一扇沒有關上的窗戶，打開後，翻越了進去。開始在別人的教室裡繼續我們的接力抄寫，天黑後，拉了一下燈繩，讓教室的日光燈照耀著我們的抄寫。

我們飢腸轆轆又疲憊不堪，就將課桌推到一起，一個抄寫的時候，另一個躺到課桌組成的床上。我們一直幹到清晨，一個抄寫時，另一個在課桌上睡著了。我們互相替換的次數愈來愈多，剛開始一個人可以一口氣抄寫半個小時以上的時間，後來五分鐘就得換人了。他躺到課桌上，鼾聲剛起，我就起身去拍拍他：

「喂，醒醒，輪到你了。」

等我剛睡著，他來拍打我的身體了：「喂，醒醒。」

就這樣，我們不斷叫醒對方，終於完成了我們人生裡最為偉大的抄寫工作。我們從教室的窗戶翻越出去，在晨曦裡一路打著呵欠走出學校。分手的時候，他將我們兩個人合作的手抄本交給我，慷慨地讓我先去閱讀。他拿著字跡清秀的手抄原本，看看東方的天空上出現了一圈紅暈，說是要將《茶花女》的手抄原本先去歸還，然後再回家睡覺。

回到家中，我的父母還在夢鄉裡，我匆匆吃完昨晚留在桌上的冷飯冷菜，躺到床上就睡著了。好像沒過多久，我父親的吼叫將我吵醒，問我昨晚野到哪裡了？我嘴裡哼哼哈哈，似答非答，翻個身繼續睡覺。

我一覺睡到中午，這天我沒有去上學，在家裡讀起了自己的手抄本《茶花女》。我們的抄寫開始時字體還算工整，愈到後面愈是潦草。我自己潦草的字體還能辨認，可是同學的潦草字體就完全看不明白了。我讀得火冒三丈，忍無可忍之後，我將手抄本放進胸口衣服裡，夾在腋下，走出家門去尋找那位同學。

我在中學的籃球場上找到了他，這傢伙正在運球上籃，我怒吼著他的名字，他嚇了一跳，轉身吃驚地看著我。我繼續怒吼：

「過來！你過來！」

可能是我當時擺出一副準備打架的模樣，他被激怒了，將籃球往地上使勁一扔，握緊拳頭滿頭大汗地走過來，衝著我叫道：

「你想幹什麼？」

我將胸口衣服裡面的手抄本取出來，給他看一眼後立刻放了回去，憤怒地說：

「老子看不懂你寫的字。」

他明白是怎麼回事了，擦著滿臉的汗水，嘿嘿笑著跟隨我走進了學校的小樹林。在小樹林裡，我取出我們的手抄本，繼續自己的閱讀。我讓他站在身旁，我一邊閱讀，一邊不斷怒氣沖沖地問他：

「這些是什麼字？」

我的閱讀口吃似的，結結巴巴地讀完了《茶花女》。儘管如此，裡面的故事和人物仍然讓我心酸不已，我抹著眼淚，意猶未盡地將我們的手抄本交給他，輪到他去閱讀了。

當天晚上，我已經在床上睡著了，他來到了我的家門外，怒氣沖沖地喊叫我的名字，他同樣也看不明白我潦草的字體。我只好起床，陪同他走到某個路燈下。他在夜深人靜裡情感波動地閱讀，我呵欠連連靠在電線杆上，充當一位盡職的陪讀，隨時向他提供辨認潦草字體的應召服務。

第三個版本從街頭閱讀說起。我說的是大字報，這是文化大革命饋贈給我們小鎮的獨特風景。在當時，撕掉牆上的大字報屬於反革命行為，新的大字報只能貼在舊的大字報上面，牆壁愈來愈厚，讓我們的小鎮看上去像是穿上了臃腫的棉襖。

我沒有讀過文革早期的大字報，那時候我剛上小學，七歲左右，所認識的漢字只能讓我吃力地讀完大字報的標題。我當時的興趣是在街頭激烈的武鬥上面，我戰戰兢兢地看著我們小鎮上的成年人相互鬥毆，他們手揮棍棒，嘴裡喊叫著「誓死捍衛偉大領袖毛主席」的口號，互相打得頭破血流。這讓年幼的我百思不得其解：既然都是為了保衛毛主席，為何還要互相打得你死我活？

我當時十分膽小，每次都是站在遠處觀戰，鬥毆的人群衝殺過來時，我立刻撒腿就跑，距離保持在子彈射程之外。比我大兩歲的哥哥膽量過人，他每次都是站在近處觀賞武鬥，而且雙手扠腰，一副休閒的模樣。

我們當時每天混跡街頭，看著街上時常上演的武鬥情景，就像在電影院裡看黑白電影一樣。我們這些孩子之間有過一個口頭禪，把上街玩耍說成「看電影」。幾年以後，電影院裡出現了彩色的寬銀幕電影，我們上街的口頭禪也隨之修改。如果有一個孩子問：「去哪裡？」正要上街的孩子就會回答：「去看寬銀幕電影。」

我迷戀上大字報閱讀時已是一名初中學生。大約是一九七五年左右，文革進入了後期，沉悶窒息的社會替代了血腥武鬥的社會。雖然小鎮的街道一成不變，可是街道上的內容變了。我們也從看「黑白電影」變成了看「寬銀幕電影」。對於我們這些街頭孩子來說，「寬銀幕電影」遠遠沒有早期的「黑白電影」好看。文革早期，我們小鎮的街道喧囂熱鬧，好比是好萊塢的動作電影；到了文革後期，街道安靜沉寂，好比是歐洲現代主義的藝術電影。我們從街頭兒童變成了街頭少年，我們的生活也從動作電影進入到了藝術電影。藝術電影裡長時間靜止的畫面和緩慢推進的長鏡頭，彷彿就是我們在文革後期的生活節奏。

我現在閉上眼睛，就可以看到這樣的鏡頭：三十多年前的自己，一個放學回家的初中生，身穿有補丁的衣服，腳蹬一雙磨損後泛白的黃球鞋，斜挎破舊的書包，沿著貼滿大字報的街道無所事事地走來。

我就是在這個陳舊褪色的鏡頭裡獲得了閱讀大字報的樂趣。就像觀賞藝術電影需要審美的耐心一樣，文革後期的生活需要仔細品嘗，才會發現某個平淡的事物後面，其實隱藏著神奇。

一九七五年的時候，人們對大字報已經麻木不仁，儘管還有新的大字報不斷貼到牆上去，可是很少有人駐足閱讀。這時的大字報正在失去其自身的意義，正在成為了牆壁的內容。人們習慣於視而不見地從它們身旁走過，我也是這視而不見的人群中的一員。直到有一天，我注意到一張大字報上有一幅漫畫，然後繼《毛澤東選集》裡的注釋之後，我又一個閱讀的新大陸被發現了。

我記得是一種拙笨的筆法，畫了一張床，床上坐著一男一女兩個人，而且塗上了花花綠綠的顏色。這幅奇特的漫畫讓我怦然心動，當時我見慣了宣傳畫上男男女女的革命群眾如何昂首挺胸，可是畫面上的男女之間出現一張床，是我前所未見的。這張畫得歪歪扭扭的床，竟然出現在充滿著革命意義的大字報上面，還有同樣畫得歪歪扭扭的一男一女，床的色情含義昭然若揭，我想入非非地讀起了這張大字報。

這是我第一次認真閱讀的大字報。在密集出現的毛主席語錄和口號似的革命語言之間，我讀到了一些引人入勝的片言隻語，這些片言隻語講述了我們小鎮上一對偷情男女的故事梗概。雖然沒有讀到直接的性描寫語句，可是性聯想在我腦海裡如同一葉方舟開始乘風破浪了。

這對偷情男女的真實姓名就書寫在花花綠綠的漫畫上面，我添油加醋地將這個梗概告訴幾個關係親密的同學，這幾個同學聽得眼睛發直。然後，我們興致勃勃地分頭去打聽這對偷情男女的住處和工作單位。

幾天以後，我們成功地將人和姓名對號入座。男的就住在我們小鎮西邊的一個小巷裡，我們幾個同學在他的家門口守候多時，才見到他下班回家。這個被人捉姦在床的男人一臉陰沉地看了我們一眼，轉身走進了自己的家中。女的是在六、七公里之外的一個小鎮百貨商店工作。仍然是我們這幾個同學，約好了某個星期天，長途跋涉不辭辛苦地來到了那個小鎮，找到那家只有五十平米左右的百貨商店，看到裡面有三個女售貨員，我們不知道是哪個？我們站在商店的大門口，悄悄議論哪個容貌出眾，最後一致的意見是都不漂亮。然後我們大叫一聲大字報上的那個名字，其中一個答應一聲，轉身詫異地看著我們，我們哈哈大笑拔腿就跑。

這是我們當時沉悶枯燥生活的真實寫照，因為認識了大字報上偷情故事的人物原型，我們會興高采烈很多天。

文革後期的大字報儘管仍舊充斥著毛主席語錄、魯迅先生的話和從報紙上抄錄下來的革命語言，可是大字報的內容悄然變化了。造反時不同派別形成的矛盾或者生活裡發生的衝突等等，讓謠言、謾罵和揭露隱私成為文革後期大字報的新寵。於是裡面有時會出現一些和性有關的語句。不正當的男女關係，成為了那時候人們互相攻擊和互相詆毀謾罵的熱門把柄。我因此迷戀上了大字報的閱讀，每天下午放學回家的路上，都要仔細察看是否出現了新的大字報，是否出現了新的性聯想語句。

這是沙裡淘金似的閱讀，經常會連續幾天讀不到和性有關的語句。我的這幾個同學起初興趣十足地和我一起去閱讀大字報，沒幾天他們就放棄了，他們覺得這是賠本的買賣，瞪大眼睛閱讀了兩天，也就是讀到一些似是而非的句子。他們說還不如我添油加醋以後的講解精彩。他們因此鼓勵我堅持不懈地讀下去，因為每天早晨上學時，他們就會充滿期待地湊上來，悄悄問我：

「有沒有新的？」

一個未婚女青年和一個已婚男人的偷情梗概，是我大字報閱讀經歷裡最為驚心動魄的時刻。也是我讀到的最為詳細的內容，部分段落竟然引用了這對偷情男女後來寫下的交代材料。

他們偷情的前奏曲是男的在水井旁洗衣服。他的妻子在外地工作，每年只有一個月的探親假才能回來。所以鄰居的一位未婚女青年經常幫助他洗衣服，起初她將他的內褲取出來放在一旁，讓他自己清洗。過了一些日子以後，她不再取出他的內褲，自己動手清洗起來。然後進入了偷情的小步舞曲，除了洗衣服，她開始向他借書，並且開始和他討論起了讀書的感受，她經常進入到他的臥室。於是偷情的狂歡曲終於來到了，兩個人發生了性關係。一次、兩次、三次，第三次時被人捉姦在床。

到了文革後期，捉姦的熱情空前高漲，差不多替代了文革早期的革命熱情。一些吃不到葡萄說葡萄酸的人，將自己偷情的欲望轉化成捉姦的激情，只要懷疑誰和誰可能存在不正當男女關係，就會偷偷監視他們，時機一旦成熟，立刻撞開房門衝進去，活捉赤身裸體的男女。這對可憐的男女，就是這樣演繹了偷情版的柴可夫斯基的「悲愴交響曲」。

我在大字報上讀到這位未婚女青年交代材料裡的一句話，她第一次和男人性交之後，覺得自己「坐不起來了」。這句話讓我渾身發熱，隨後浮想聯翩。當天晚上，我就把那幾個同學召集到一起，在河邊的月光下，在成片飄揚的柳枝掩護下，我悄聲對他們說：

「你們知道嗎？女的和男的幹過那事以後會怎麼樣？」

這幾個同學聲音顫抖地問：「會怎麼樣？」

我神祕地說：「女的會坐不起來。」

我的這幾個同學失聲叫道：「為什麼？」

為什麼？其實我也不知道。不過，我還是老練地回答：「你們以後結婚了就會知道為什麼。」

我在多年之後回首這段往事時，將自己的大字報閱讀比喻成性閱讀。有意思的是，我的性閱讀的高潮並不是發生在大街上，而是發生在自己家裡。

因為我的父母都是醫生，所以我們的家在醫院的宿舍樓裡。這是一幢兩層的樓房，樓上樓下都有六個房間，像學校的兩層教室那樣，通過公用樓梯才能到樓上去。這幢樓房裡住了在醫院工作的十一戶人家，我們家占據了兩個房間，我和哥哥住在樓下，我們的父母住在樓上。樓上父母的房間裡有一個小書架，上面堆放了十來冊醫學方面的書籍。

我和哥哥輪流打掃樓上這個房間，父母要求我們打掃房間時，一定要將書架上的灰塵擦乾淨。我經常懶洋洋地用抹布擦著書架，卻沒有想到這些貌似無聊的醫學書籍裡隱藏著驚人的神奇。我在小學畢業的那個暑假裡曾經瀏覽過它們，也沒有發現裡面的神奇。

我的哥哥發現了。那時候我是一名初二學生，我哥哥是高二學生。有一段日子裡，趁著父母上班的時候，我哥哥經常帶著他的幾個男同學，鬼鬼祟祟地跑到樓上的房間裡，然後發出一些稀奇古怪的叫聲。

我在樓下經常聽到樓上的古怪叫聲，開始懷疑樓上有什麼祕密勾當。可是當我跑到樓上以後，我哥哥和他的同學們一副若無其事的模樣，嬉笑地聊天。我仔細察看，也看不出什麼破綻來。當我回到樓下的房間後，稀奇古怪的叫聲立刻又在樓上響起。這樣的怪叫聲在我父母的房間裡持續了差不多兩個月，我哥哥的同學們絡繹不絕地來到了樓上父母的房間，我覺得他整個年級的男生都去過我家樓上的房間了。

我堅信樓上房間裡存在著不可告人的祕密。有一天輪到我打掃衛生時，我像一個偵探似的認真察看每一個角落，沒有發現什麼。然後我的注意力來到了書架上，我懷疑這些醫學書籍裡可能夾著什麼。我一本一本地取下來，一頁一頁認真檢查著翻過去。當我手裡捧著《人體解剖學》翻過去時，神奇出現了：一張彩色的女性陰部的圖片倏然在目。好似一個晴天霹靂，讓我驚得目瞪口呆。然後，我如飢似渴地察看這張圖片的每個細節，以及關於女性陰部的全部說明。

我不知道自己當初第一眼看到女性陰部的彩色圖片時是否失聲驚叫了？那一刻我完全驚呆了，根本不知道自己是什麼反應。我所知道的是，此後我的初中同學們開始絡繹不絕地來到我家樓上，發出他們的一聲聲驚叫。在我哥哥高中年級的男生們紛紛光顧我家樓上之後，我初中年級的男生們也都在那個房間裡留下了他們發自肺腑的叫聲。

第四個版本的閱讀應該從一九七七年開始。文化大革命結束以後，被視為毒草的禁書重新出版。托爾斯泰、巴爾扎克和狄更斯們的文學作品最初來到我們小鎮書店時，其轟動效應彷彿是現在的歌星出現在窮鄉僻壤一樣。人們奔相走告，翹首以待。由於最初來到我們小鎮的圖書數量有限，書店貼出告示，要求大家排隊領取書票，每個人只能領取一張書票，每張書票只能購買兩冊圖書。

當初壯觀的購書情景，令我記憶猶新。天亮前，書店門外已經排出兩百多人的長隊。有些人為了獲得書票，在前一天傍晚就搬著凳子坐到了書店的大門外，秩序井然地坐成一排，在相互交談裡度過漫漫長夜。那些凌晨時分來到書店門前排隊的人，很快發現自己來晚了。儘管如此，這些人還是滿懷僥倖的心態，站在長長的隊列之中，認為自己仍然有機會獲得書票。

我就是這些晚來者中間的一員。我口袋裡揣著五元人民幣，這對當時的我來說是一筆巨款，我在晨曦裡跑向書店時，右手一直在口袋裡捏著這五元錢，由於只是甩動左手，所以身體向左傾斜地跑到書店門前。我原以為可以名列前茅，可是跑到書店前一看，心涼了半截，覺得自己差不多排在三百人之後了。在我之後，還有人在陸續跑來，我聽到他們嘴裡的抱怨聲不斷：

「起了個大早，趕了個晚集。」

旭日東升之時，這三百多人的隊伍分成了沒有睡眠和有睡眠兩個陣營，前面陣營的人都是在凳子上坐了一個晚上，這些一夜未睡的人覺得自己穩獲書票，他們互相議論著應該買兩本什麼書？後面陣營的都是一覺睡醒後跑來的，他們關心的是發放多少張書票？然後傳言四起，先是前面坐在凳子上的人聲稱不會超過一百張書票，立刻遭到後面站立者的反駁，站立者中間有人說會發放兩百張書票，站在兩百位以外的人不同意了，他們說應該會多於兩百張。就這樣，書票的數目一路上漲，最後有人喊叫著說會發放五百張書票，我們全體不同意了，認為不可能有這麼多。總共三百多個人在排隊，如果發放五百張書票，那麼我們全體排隊者的辛苦就會顯得幼稚可笑。

早晨七點正，我們小鎮新華書店的大門慢慢打開。當時有一種神聖的情感在我心裡湧動，這扇破舊的大門打開時發出嘎吱嘎吱難聽的響聲，可是我卻恍惚覺得是舞台上華麗的幕布在徐徐拉開。書店的一位工作人員走到門外，在我眼中就像是一個神氣的報幕員。隨即，我心頭神聖的感覺煙消雲散，這位工作人員叫嚷道：

「只有五十張書票，排在後面的回去吧！」

如同在冬天裡往我們頭上潑了一盆涼水，讓我們這些後面的站立者從頭涼到了腳。一些人悻悻而去，另一些人牢騷滿腹，還有一些人罵罵咧咧。我站在原處，右手仍然在口袋裡捏著那張五元紙幣，情緒失落地看著排在最前面的人喜笑顏開地一個個走進去領取書票，對他們來說，書票愈少，他們的徹夜未眠就愈有價值。

很多沒有書票的人仍然站在書店門外，裡面買了書的人走出來時，喜形於色地展覽他們手中的成果。我們這些書店外面的站立者，就會選擇各自熟悉的人圍上去，十分羨慕地伸手去摸一摸《安娜·卡列妮娜》、《高老頭》和《大衛·科普菲爾》這些嶄新的圖書。我們在閱讀的飢餓裡生活的太久了，即便是看一眼這些文學名著的嶄新封面，也是莫大的享受。有幾個慷慨的人，打開自己手中的書，讓沒有書的人湊上去用鼻子聞一聞油墨的氣味。我也得到了這樣的機會，這是我第一次去聞新書的氣味，我覺得淡淡的油墨氣味有著令人神往的清香。

我記憶深刻的是排在五十位之後的那幾個人，可以用痛心疾首來形容這幾個人的表情，他們髒話連篇，有時候像是在罵自己，有時候像是在罵不知名的別人。我們這些排在兩百位之後的人，只是心裡失落一下而已；這幾個排在五十位之後的人是眼睜睜看著煮熟的鴨子飛走了，心裡的難受可想而知。尤其是那個第五十一位，他是在抬腿往書店裡走進去的時候，被擋在了門外，被告知書票已經發放完了。他的身體一動不動地在那裡站了一會兒，然後低頭走到一旁，手裡捧著一隻凳子，表情木然地看著裡面買到書的人喜氣洋洋地走出來，又看著我們這些外面的人圍上去，如何用手撫摸新書和如何用鼻子聞著新書。他的沉默有些奇怪，我幾次扭頭去看他，覺得他似乎是在用費解的眼神看著我們。

後來，我們小鎮上的一些人短暫地談論過這個第五十一位。他是和三個朋友玩牌玩到深夜，才搬著凳子來到書店門前，然後坐到天亮。聽說在後來的幾天裡，他遇到熟人就會說：

「我要是少打一圈牌就好了，就不會是五十一了。」

於是，五十一也短暫地成為過一個流行語，如果有人說：「我今天五十一了。」他的意思是說：「我今天倒楣了。」

三十年的光陰過去之後，我們從一個沒有書籍的年代來到了一個書籍氾濫過剩的年代。今天的中國每年都要出版二十萬種以上的圖書。過去，書店裡是無書可賣；現在，書店裡書籍太多之後，我們不知道應該買什麼書。隨著網絡書店銷售折扣圖書之後，傳統的地面書店也是紛紛打折促銷。超市裡在出售圖書，街邊的報刊亭也在出售圖書，還有路邊的流動攤販們叫賣價格更為低廉的盜版圖書。過去只有中文的盜版圖書，現在數量可觀的英文盜版圖書也開始現身於我們的大街小巷。

北京每年舉辦的地壇公園書市，像廟會一樣熱鬧。在一個圖書的市場裡，混雜著古籍鑒賞、民俗展示、攝影展覽、免費電影、文藝演出，還有時裝表演、舞蹈表演和魔術表演；銀行、保險、證券和基金公司趁機推出他們的理財產品；高音喇叭發出的音樂震耳欲聾，而且音樂隨時會中斷，開始廣播找人。在人來人往擁擠不堪的空間裡，一些作家學者置身其中簽名售書，還有一些江湖郎中給人把脈治病，像是簽名售書那樣開出一張張藥方。

幾年前，我曾經在那裡幹過簽名售書的差事，嘈雜響亮的聲音不絕於耳，像是置身在機器轟鳴的工廠車間裡。在一排排臨時搭建的簡易棚裡，堆滿了種類繁多的書籍，售書者手舉擴音器大聲叫賣他們的圖書，如同菜市場的小商小販在叫賣蔬菜水果和雞鴨魚肉一樣。這是我印象最為深刻的場景。價值幾百元的書籍被捆綁在一起，以十元或者二十元的超低價格銷售。推銷者叫叫嚷嚷，這邊「二十元一綑圖書」的叫賣聲剛落，那邊更具價格優勢的「十元一綑」喊聲已起：

「跳樓價！十元一綑的經典名著！」

叫賣者還會發出聲聲感嘆：「哪是在賣書啊？這他媽的簡直是在賣廢紙。」然後叫賣聲出現了變奏：「快來買呀！買廢紙的錢可以買一綑經典名著！」

撫今追昔，令我感慨萬端。從三百多人在小鎮書店門前排隊領取書票，到地壇公園書市裡叫賣十元一綑的經典名著，三十年彷彿只是一夜之隔。此時此刻，當我回首往事去追尋自己真正意義上的文學閱讀之旅。我的選擇會從一九七七年那個書店門前的早晨開始，當然不會在今天的地壇公園書市的叫賣聲裡結束。

雖然三十多年前的那個早晨我兩手空空，可是幾個月以後，嶄新的文學書籍一本本來到了我的書架上，我的閱讀不再是文革時期吃了上頓沒下頓，我的閱讀開始豐衣足食，而且像江水長流不息那樣持續不斷了。

曾經有人問我：「三十年的閱讀給了你什麼？」

面對這樣的問題，如同面對寬廣的大海，我感到自己無言以對。

我曾經在一篇文章的結尾這樣描述自己的閱讀經歷：「我對那些偉大作品的每一次閱讀，都會被它們帶走。我就像是一個膽怯的孩子，小心翼翼地抓住它們的衣角，模仿著它們的步伐，在時間的長河裡緩緩走去，那是溫暖和百感交集的旅程。它們將我帶走，然後又讓我獨自一人回去。當我回來之後，才知道它們已經永遠和我在一起了。」

我想起了二〇〇六年九月裡的一個早晨，我和妻子走在德國杜塞爾多夫的老城區時，突然發現了海涅故居，此前我並不知道海涅故居在那裡。在臨街的聯排樓房裡，海涅的故居是黑色的，而它左右的房屋都是紅色的，海涅的故居比起它身旁已經古老的房屋顯得更加古老。彷彿是一張陳舊的照片，中間站立的是過去時代裡的祖父，兩旁站立著過去時代裡的父輩們。

我之所以提起這個四年前的往事，是因為這個杜塞爾多夫的早晨讓我回到了自己的童年，回到了我在醫院裡度過的難忘時光。

我前面已經說過，我過去居住在醫院的宿舍樓裡。這是當時中國的一個比較普遍的現象，城鎮的職工大多是居住在單位裡。我是在醫院的環境裡長大的，我童年時遊手好閒，獨自一人在醫院的病區裡到處遊蕩。我時常走進醫護室，拿幾個酒精棉球擦著自己的雙手，在病區走廊上蹓躂，看看幾個已經熟悉的老病人，再去打聽一下新來病人的情況。那時候我不是經常洗澡，可是我的雙手每天都會用酒精棉球擦上十多次，我曾經擁有過一雙世界上最為清潔的手。與此同時，我每天呼吸著醫院裡的來蘇兒氣味。我小學時的很多同學都討厭這種氣味，我卻十分喜歡，我當時有一個理論，既然來蘇兒是用來消毒的，那麼它的氣味就會給我的兩葉肺消毒。現在回想起來，我仍然覺得這種氣味不錯，因為這是我成長的氣味。

我父親是一名外科醫生。當時醫院的手術室只是一間平房，我和哥哥經常在手術室外面玩耍，那裡有一塊很大的空地，陽光燦爛的時候總是晾滿了床單，我們喜歡在床單之間奔跑，讓散發著肥皂氣息的潮濕床單拍打在我們臉上。

這是我童年的美好記憶，不過這個記憶裡還有著斑斑血跡。我經常看到父親給病人做完手術後，口罩上和手術服上滿是血跡地走出來。離手術室不遠有一個池塘，手術室的護士經常提著一桶從病人身上割下來的血肉模糊的東西，走過去倒進池塘裡。到了夏天，池塘裡散發出了陣陣惡臭，密密麻麻的蒼蠅像是一張純羊毛地毯全面覆蓋了池塘。

那時候醫院的宿舍樓裡沒有衛生設施，只有一個公用廁所在宿舍樓的對面，醫院的太平間也在對面。廁所和太平間一牆之隔地緊挨在一起，而且都沒有門。我每次上廁所時都要經過太平間，都會習慣性地朝裡面看上一眼。太平間裡一塵不染，一張水泥床在一個小小的窗戶下面，窗外是幾片微微搖晃的樹葉。太平間在我的記憶裡，有著難以言傳的安寧之感。我還記得，那地方的樹木明顯比別處的樹木茂盛茁壯。我不知道是太平間的原因，還是廁所的原因？

我在太平間對面住了差不多十年時間，可以說我是在哭聲中成長起來的。那些因病去世的人，在他們的身體被火化之前，都會在我家對面的太平間裡躺上一晚，就像漫漫旅途中的客棧，太平間沉默地接待了那些由生向死的匆匆過客。

我在很多個夜晚裡突然醒來，聆聽那些失去親人以後的悲痛哭聲。十年的歲月，讓我聽遍了這個世界上所有的哭聲，到後來我覺得已經不是哭聲了，尤其是黎明來臨之時，哭泣者的聲音顯得漫長持久，而且感動人心。我覺得哭聲裡充滿了難以言傳的親切，那種疼痛無比的親切。有一段時間，我曾經認為這是世界上最為動人的歌謠。就是那時候我發現，大多數人都是在黑夜裡去世的。

那時候夏天的炎熱難以忍受，我經常在午睡醒來時，看到草席上汗水浸出來的自己的完整體形，有時汗水都能將自己的皮膚泡白。

有一天，我鬼使神差地走進了對面的太平間，彷彿是從炎炎烈日之下一步跨進了冷清月光之下，雖然我已經無數次從太平間門口經過，走進去還是第一次，我感到太平間裡十分涼爽。然後，我在那張乾淨的水泥床上躺了下來，我找到了午睡的理想之處。在後來一個又一個的炎熱中午，我躺在太平間的水泥床上，感受舒適的清涼，有時候進入的夢鄉會有鮮花盛開的情景。

我是在中國的文革裡長大的，當時的教育讓我成為一個徹底的無神論者，我不相信鬼的存在，也不怕鬼。所以當我在太平間乾淨的水泥床上躺了下來時，它對於我不是意味著死亡，而是意味著炎熱夏天裡的涼爽生活。

曾經有過幾次尷尬的時候，我躺在太平間的水泥床上剛剛入睡，突然有哭泣哀嚎聲傳來，將我吵醒，我立刻意識到有死者光臨了。在愈來愈近的哭聲裡，我這個水泥床的臨時客人倉皇出逃，讓位給水泥床的臨時主人。

這是我的童年往事。成長的過程有時候也是遺忘的過程，我在後來的生活中完全忘記了這個令人顫慄的美好的童年經歷：在夏天炎熱的中午，躺在太平間象徵著死亡的水泥床上，感受著涼爽的人間氣息。

直到多年後的某一天，我偶爾讀到了海涅的詩句：「死亡是涼爽的夜晚」。這個消失已久的童年記憶，在我顫動的心裡瞬間回來了。像是剛剛被洗滌過一樣，清晰無比地回來了，而且再也不會離我而去。

假如文學中真的存在某些神祕的力量，我想可能就是這個。就是讓一個讀者在屬於不同時代、不同國家、不同民族、不同語言和不同文化的作家的作品那裡，讀到屬於自己的感受。海涅寫下的，就是我童年時在太平間睡午覺時的感受。

我告訴自己：「這就是文學。」

寫作

《紐約時報雜誌》邀請潘卡吉．米什拉撰寫一篇關於我的文章。二〇〇八年十一月，我的印度同行來到了北京。我們有時坐在溫暖的室內交談，有時走在冬天的寒風裡。我們去了幾家不同風味的餐館吃飯，這位素食者離開北京之時誇獎我點菜的才華。我告訴他：「我的才華很簡單，就是將餐館裡所有的素食全點上。」

古羅馬詩人馬提亞爾說：「回憶過去的生活，無異於再活一次。」感謝潘卡吉．米什拉，他在北京短暫的一周裡，讓我重溫了自己的寫作經歷，給予了我「再活一次」的生活。

「我的寫作源遠流長。」我告訴潘卡吉．米什拉。說這話時，我在心理上似乎垂垂老矣，因為當我回首最初的寫作之時，彷彿是來自另外一個世界的故事。這是我們這一代中國人的獨特經歷，我們只是花費了四十多年的歲月，就在同一個國度裡，經歷了兩個截然不同的世界。

我尋找自己最初的寫作，我的思緒在那些陳舊的作文簿上迅速掠過，停留在了當時鋪天蓋地的大字報上面。我覺得自己小學時的作文不值一提，因為這些作文只有一個讀者，就是一位很瘦的語文老師。我更願意將自己的寫作從大字報開始，這是我最初公開發表的作品。

文革時期人們熱衷於寫大字報，更甚於今天人們對於博客的熱衷。不同的是，當時的大字報千篇一律，基本上是《人民日報》文章的抄襲版，革命的語言和空洞的口號充斥了全文，從頭到尾喋喋不休；今天的博客可是千姿百態，自我吹噓的、相互謾罵的、暴露隱私的、慷慨激昂的、無病呻吟的等等，還有社會的、政治的、經濟的、歷史的等等，可以說是應有盡有。但是有一點是相同的，就是文革時寫大字報和今天寫博客都是為了顯示自己存在的價值。

大字報曾經是我小學時最為害怕的，每天早晨揹著書包上學時，我的眼睛就會緊張地掃描街道牆壁上最新的大字報，看看那些標題上有沒有出現我父親的名字。

我的父親是一位外科醫生，同時也是一位共產黨的小官員。文革初期，我親眼目睹了幾個同學的官員父親被打倒，罪名是「走資本主義道路的當權派」，被當時的革命造反派揍得鼻青臉腫，胸前掛著大木牌，頭戴紙糊的高帽子，整日手持掃帚，戰戰兢兢地清掃大街。過路者隨時可以對著他們踢上一腳，或者朝他們臉上吐去口水。他們的孩子，我的這幾個同學自然是唇亡齒寒，不斷遭受其他同學的侮辱和歧視。

年幼的我憂心忡忡，擔心父親的厄運會突然出現，這也是我的厄運。而且我父親還有著地主家庭的歷史，他家曾經擁有過兩百多畝田地，是不折不扣的地主。多虧了我祖父是一個二流子，不思進取，只知道吃喝玩樂，每年賣掉兩三畝田地，供養自己好吃懶做的生活。這個敗家子在一九四九年的時候，恰到好處地將兩百多畝田地賣光了，他因此賣掉了自己的地主身分。否則在全國解放後，他很難逃脫被槍斃的命運。我的父親因禍得福，甩掉了地主仔子的惡名。當然，我和哥哥也是祖父二流子生涯的隔代受益者。

儘管如此，我父親不光彩的家庭歷史仍然在心理上折磨著我。倒楣的事總是要出現的，有一天早晨，我和哥哥揹著書包走出家門，在上學路上終於看見了我最為擔心和害怕的大字報。我父親的名字赫然醒目地出現在標題上，而且擁有了「逃亡地主」和「走資派」兩項罪名。

我小時候膽小怕事，當時我肯定是臉色慘白，我告訴哥哥，我不敢去學校了，我要回家躲上一陣子。我哥哥一臉的滿不在乎，他嘴裡說著沒有什麼可怕的，大大咧咧地往學校的方向走去。我哥哥的膽量只是讓他走出了一百米左右，隨即他就轉身走回來了。他一邊向我走來，一邊說：

「他媽的，老子也不去學校了，老子也要躲上一陣子。」

然後，有我署名的第一張大字報因此誕生了。這一年我小學一年級，我哥哥小學三年級，處於人生低谷的父親自導自演了一場政治戲，讓我們全家過一個革命化的春節。在大年三十的晚上，別人家省吃儉用了一年之後，終於可以大魚大肉好吃一頓，我們家卻吃上了「憶苦思甜飯」。所謂「憶苦思甜飯」，就是將糠和野菜混在一起煮熟了，再捏成團子。這種被稱為糠團子的食物是舊社會窮人吃的，我們在大年三十晚上吃著糠團子，就是為了回憶舊社會的苦，體會新社會的甜。

我雙手捧著淡而無味的糠團子，小心翼翼地吃著，我覺得粗糙的糠在我下嚥的時候似乎劃破了我的食道，我十分委屈地說，糠團子吃起來有些疼。我父親裝出高興的樣子，用他外科醫生的語氣說：

「疼了才好，疼了才說明憶苦思甜的療效出來了。」

我和哥哥不知道正在倒楣的父親是在表演他的革命秀，他選擇了大年三十這個好時機。幾天以後他在自己的交代材料裡大寫特寫了這個革命化的春節，以此表達他對毛澤東和共產黨的赤膽忠心。

我們一家四口嚥下了糠團子，我母親清理了飯桌之後，我父親鋪開一張大於桌子的白紙，全家開始寫大字報了。大字報的主題是「鬥私批修」，就是要打倒和批判我們腦子裡的自私思想和修正主義思想。我父親的右手在硯台裡磨著墨汁，神情莊重地告訴我們：

「在大年三十的晚上，我們要認真地進行一次批評和自我批評。」

這讓我和哥哥興高采烈，我們兩個搶著要首先說話。我和哥哥互不相讓，都想拔得自我批評的頭籌。我的父母讓我先說，因為哥哥比我大兩歲，他應該將這個機會讓給我。可是我眨著眼睛不知道說什麼？我一下子沒有找到自己的自私思想和修正主義思想。我哥哥在一旁急躁起來，他想先說，我父母沒有同意，開始啟發我，說我剛才吃糠團子時覺得食道有些疼痛，就是自私的思想在作怪。我如釋重負，不過仍然有些擔心，我問父母：

「能不能再算上修正主義思想？」

我的父母商量了一下，認為這是我思想深處的小資產階級作風在興風作浪，而修正主義裡充滿了資產階級的壞東西。他們點點頭說：

「可以算上。」

自私和修正主義都有了，我就放心了。輪到我哥哥了，他驕傲地說了起來，有一次他在街上撿到兩分錢，沒有上交給老師，而是買了兩顆糖自己吃了。我的父母鄭重其事點著頭，說我哥哥的這個行為和我剛才的十分相似，也是自私和修正主義兩者皆有。接下去是我們的母親鬥私批修了，母親之後是父親。他們都說了一些不痛不癢的小錯誤，這讓我和哥哥有些失望，尤其是我們的父親，在自我批評的時候隻字不提「逃亡地主」和「走資派」。我哥哥首先向父親發難，他義正詞嚴地問：

「你是不是逃亡地主？」

我父親表情沉重地搖了搖頭，說他們家在全國解放前就破產了，所以在土地改革的時候被劃分成了中農。我母親在一旁鳴冤叫屈，說如果不是曾經有過兩百多畝田地，我父親家的成份應該是貧農。我哥哥嚴肅地舉起右手，問我父親：

「你能向毛主席保證嗎？你不是地主。」

我父親莊嚴地舉起右手說：「我向毛主席保證，我不是地主。」

我不甘落後，也向父親發難：「你是不是走資派？」

我父親還是搖頭，他說自己雖然在解放前就參加了共產黨，可是一直是在做技術工作，他一直是外科醫生，不應該算成走資本主義道路的當權派。

我學著哥哥的樣子舉起右手：「你能向毛主席保證嗎？」

我父親再次舉起右手說：「我向毛主席保證。」

然後我們三個看著父親寫下了這張避重就輕的大字報，這是第一張批判我們自己的大字報，而且是在大年三十的晚上寫成的。我父親寫完以後簽上了自己的名字，把毛筆遞給我母親，我母親簽名後是我哥哥的簽名，我的簽名排在最後。

我們開始討論將大字報貼到什麼地方？我說就貼在我們家門口，可以讓鄰居們看到我們大年三十晚上的偉大行為。我哥哥說應該貼到電影院的售票窗口，那裡看到大字報的人更多。父母肯定在心裡痛罵我們這兩個小王八蛋了，他們只是為了做秀，為了表明自己的革命精神和政治覺悟，他們並不想讓別人看到這張大字報。而且這張大年三十的大字報具有很高的實用價值，可以在我父親的交代材料裡出現一個光彩的段落。

我們的父母雖然心懷不滿，臉上仍然露出贊許的表情，他們點頭說我和哥哥的主意都很好，問題是貼到外面去的話，我們自己不能時刻看到這張大字報了。他們耐心地解釋，這張大字報是批判我們自己的，應該貼在自己家裡，讓我們時刻警惕自己過去的錯誤，從此緊跟毛主席永遠走在正確的道路上。

當時我們家還沒有搬到醫院的宿舍樓，我們住在名叫向陽弄的一所房屋裡，是一間大屋子，中間隔開的牆是用鐵絲將竹子橫豎綁紮起來，再在竹子上糊上舊報紙。我父母睡在裡面的床上，我和哥哥睡在外面的床上。我們覺得父母的話有道理，同意將這張大字報貼在家裡，但是我們有一個條件，就是不能貼在裡面父母的床頭，要貼在我和哥哥的床頭。我們的父母欣然答應。

不久之後，我父親被下放到了農村，他身揹藥箱走在鄉村田間，給農民們治病。當造反派意識到他們是放過了我的父親，再去農村抓他時，已經找不到他了。樸實的農民們保護了他，把他藏了起來，讓他非常幸運地躲過了文革早期的革命暴力。

那張了不起的大字報在我和哥哥的床頭牆上存在了一年多，積滿灰塵和紙張泛黃破裂以後，它自己沿著牆壁掉到了床底下，然後被我們遺忘。最初的時候，我每天睡覺前和起床後，都要用神聖的眼光看看自己歪歪扭扭的署名。

五年以後，我進入了初中年級，開始大規模書寫大字報了，而且是親自書寫，不再是尾隨其後的署名。文革時期最著名的寫作班子來自北京大學和清華大學，筆名為梁效，是兩校的諧音。我模仿梁效，拉上三個同學也成立了一個寫作組，筆名來自當時著名的文革電影《春苗》。

那個時候剛好是黃帥事件席捲全國。年僅十二歲的小學生黃帥寫了一篇批評老師的日記：「今天，××沒有遵守課堂紀律，做了些小動作，老師把他叫到前面，說：『我真想拿教鞭敲你的頭。』這句話說得不確切吧，教鞭是讓你用來教學，而不是來打同學腦袋的。希望你對同學的錯誤耐心幫助，說話多注意些……」老師看到日記後大發雷霆，認為黃帥是「為了拆老師的台」。接下來兩個多月的時間內，老師不斷批評黃帥，還要求其他同學不要理睬黃帥。孤立無援的黃帥只好給《北京日報》寫了一封六百字的信。她在信中說：「我是紅小兵，熱愛黨和毛主席，只不過把自己的心裡話寫在日記上，老師卻抓住不放。最近許多天，我吃不下飯，晚上做夢驚哭，究竟我犯了啥嚴重錯誤？難道還要我們毛澤東時代的青少年再做舊教育制度『師道尊嚴』奴役下的奴隸嗎？」一九七三年十二月十二日《北京日報》刊登了黃帥的來信和日記摘抄，十二月二十八日，《人民日報》頭版頭條全文轉載，還加了編者按。當天早晨，中央人民廣播電台「新聞和報紙摘要節目」也轉播了這篇報導。黃帥紅極一時，成為全國家喻戶曉的反潮流英雄，全國的中小學生紛紛向她學習。可是好景不長，兩年後，隨著毛澤東的逝世和「四人幫」被抓。十六歲的黃帥一下子從天堂掉進了地獄，成為了「四人幫」的小爪牙。批判她的大字報鋪天蓋地，她的父母也因此倒楣，母親寫下了幾十萬字檢查，父親被逮捕入獄。直到一九八一年，黃帥的父親才獲得平反，走出了監獄。

在那樣一個時代裡，一個人的命運其實不屬於自己，所有的人都是隨波逐流，誰也不知道前面等待著自己的是幸運還是倒楣。

一九七三年底，全國的中小學掀起了批判師道尊嚴的浪潮。由我執筆，署名春苗的大字報風靡了我們的中學。我在學校裡也是名噪一時，成為了著名的紅筆桿子。這是當時流行的民間政治術語，「紅」是革命的顏色，「黑」是反革命的顏色。於是寫作政治上正確文章的叫「紅筆桿子」，寫作政治上錯誤文章的叫「黑筆桿子」。

我和三個同學夜以繼日地奮筆疾書，裡面的革命語言都是從《人民日報》、《浙江日報》和上海的《解放日報》上抄寫過來的，不到一周時間，我們就寫出了將近四十張大字報，貼滿了我們中學的牆壁，將我們中學的老師們挨個批判了一通。我唯一放過的是我們的語文老師，他和我私交不錯，時常會偷偷遞上一根香菸給我。我偷了父親的香菸，也會敬他一根。

當時是工人階級領導一切的時代，除了工廠、軍隊和農村，其他所有的單位都派駐了工人宣傳隊。我們中學也進駐了工宣隊，工宣隊的隊長就是當時中學的最高領導。我記得那是一位年過五十的老工人，他拿著筆記本，一邊瀏覽我們的大字報，一邊在上面寫著什麼。見到我的時候笑容滿面，連聲誇獎我：

「幹得好！幹得好！」

我當時不知道，我們春苗寫作組短時間炮製出來的近四十張大字報，也成為了他的革命成果。縣革命委員會主任大大表揚了他，說我們中學在學習黃帥反潮流精神和批判師道尊嚴的運動中，走在全縣所有學校的前列，甚至都有可能走在全省所有學校的前列。

這位工宣隊長認真記下了我們批判過的每一個老師的名字，然後發現竟然沒有那位語文老師。工宣隊長很不高興，覺得批判師道尊嚴的運動中還存在著盲點，他把這個盲點叫到自己辦公室，拍著桌子大罵一通，說這個盲點壓制和打擊學生，所以才沒有出現批判他的大字報。

我們的語文老師哭喪著臉來找我了，他把我拉到中學圍牆的外面，遞給我一枝香菸，親自劃火柴給我點菸，然後懇切地問：

「為什麼不寫我的大字報？」

我抽著他的香菸說：「你身上沒有師道尊嚴。」

「怎麼可能沒有？」語文老師急了，他說：「我全身上下都是師道尊嚴。」

我說：「你經常給我們學生香菸，你和我們學生打成一片了，你確實沒有師道尊嚴。」

語文老師哭笑不得，只好將工宣隊長如何罵他的話都告訴我。我明白了，向他保證，當天晚上就會把批判他的大字報寫完，明天早晨他起床就會看見。

我信守諾言，吃過晚飯後就把寫作組的另外三個同學叫到一起，在教室裡寫到夜深人靜。我們給其他老師都是一張大字報，給這位語文老師提高待遇，寫了滿滿兩張。然後拿著這兩張大字報來到了語文老師的家門口，在他熟睡之際，我們商量著貼在何處？

原來想貼在他家門上，可是一扇門上貼不下兩張大字報，只好一左一右貼在他家門兩側的牆上。

第二天上午，這位語文老師又把我悄悄拉到了圍牆外，我以為他是來表達謝意的，結果他埋怨起了我。說我不應該將大字報貼到他家門口，學校工宣隊長根本看不見，而且鄰居還笑話他。他給我出主意，說是最好將批判他的大字報貼到工宣隊長辦公室所在樓房的牆上。看到我點頭了，他又埋怨我為什麼給他寫了兩張大字報？其他老師都只有一張。我告訴他，這是為了給他提高待遇。他搖著頭說：

「別提高了，平等，平等最好。」

「好吧，」我說，「我們辛苦一下，再新寫一張大字報。」

語文老師問我：「我家門口的大字報怎麼辦？」

我說：「你回去把它們撕了。」

「我怎麼敢撕大字報？」語文老師叫了起來，接著小聲說，「你親自來撕掉。」

然後又指導我，中午去撕掉他家門口大字報的時候應該說些什麼話。我點著頭，讓他放心，中午時一切都會按照他指示的去做。他的右手伸進了口袋，摸出半盒香菸，抽出一根遞給我，轉身走了幾步後，站住腳，回過身來，將那半盒香菸全部送給了我。

我按照語文老師的指示，中午放學前就將批判他的大字報寫好，貼到了工宣隊長辦公室所在的樓房牆上。然後帶著春苗寫作組的另外三個同學，來到語文老師的家門口，大聲喊叫著他的名字，他在屋裡故意磨蹭著不出來，等到鄰居們都跑出來看熱鬧時，他才點頭哈腰地走出來。我用他上午教我的話訓斥他：

「老實聽著，我們寫了一張更加深刻批判你師道尊嚴的大字報，就貼在學校裡，你馬上去看。」

他應聲向著學校方向走去。我們大模大樣地撕掉了他家門旁的兩張大字報，一邊撕著，一邊向他的鄰居們解釋，說這兩張大字報寫得不夠深刻，貼在學校裡新寫的大字報非常深刻，歡迎他們到我們學校裡去看看。

我在文革時期的寫作持續到高中年級之後，對寫大字報突然沒有興趣了。我嘗試著寫起了話劇，這應該是我的第一部文學作品。我差不多花了一個學期的時間，才完成了一齣獨幕話劇，有將近四千字，幾經修改後，認真抄寫在方格稿紙上。話劇的內容是當時流行的內容，就是一個地主在全國解放後失去了財產，如何心懷不滿，想破壞農村的社會主義建設，最後被智慧的貧下中農生擒活捉。

當時我們小鎮上有一位著名的紅筆桿子，比我大十來歲，因為他在縣文化館的油印雜誌上發表了不少歌頌文化大革命的詩歌和散文。透過一位同學的引見，我有幸認識了這位小鎮名流，恭恭敬敬地將自己的獨幕話劇呈上，請他批評指正。

幾天以後，我再去拜訪他時，他已經讀完了我的獨幕話劇，並且在最後一頁用紅筆寫上大段的評語。他將手稿還給我的時候，神態十分傲慢，他說自己的意見都寫在後面的評語裡了，他就不多說了，不過有一點他要強調一下，就是我的話劇裡沒有人物心理，也就是沒有人物獨白。他告訴我，獨白是劇本寫作的重中之重。

在我告辭之時，他拿出了自己不久前完成的三幕話劇，題材和我的一樣，也是一個地主想搞破壞，如何被貧下中農發現的故事。他將厚厚一疊手稿遞給我時，專門要求我注意他是如何在劇本中寫獨白的，他自我陶醉地說：

「尤其是地主的獨白，寫得栩栩如生。」

我將他的手稿和自己的手稿捧回家中。先是仔細閱讀了他對我劇本的評語，我發現基本上是批評，只是在最後有一句話是表揚，說我文筆還算流暢。然後我仔細閱讀了他的劇本，我覺得他寫得也不怎麼的，他自鳴得意的那幾個地主獨白段落，都是一些地主心裡想著如何破壞社會主義的教條式語言，他所謂的栩栩如生，只是在裡面夾雜了一些髒話而已。這是那個時代的標準化寫作，工人和農民是從來不說髒話的，只有地主、右派和反革命分子才會說髒話。不過我仍然覺得應該誇獎他一番，畢竟他是我們小鎮的名流。我禮尚往來，找來一枝紅筆，在他三幕話劇最後一頁的空白處也寫上了大段的評語。我的評語基本上是讚揚，尤其是對劇本裡的地主獨白，我不遺餘力地吹捧，說如此精彩的獨白可以說是舉世無雙。只是在最後寫上一句批評的話，說劇情不夠緊湊。

我把劇本還給他的時候，他的眼神明顯地在期待著我的崇拜之情和恭維之詞。我說了幾句好話，他嘿嘿笑了幾聲。然後他發怒了，他發現我竟然在他劇本的最後一頁寫上了評語，他憤怒地衝著我叫起來：

「你竟敢在我的劇本上寫評語？」

我有些措手不及，沒想到我的禮尚往來竟然引發了他的怒火。我有些膽怯地說：「你也在我的劇本上寫了評語。」

「他媽的，」他叫了起來，「你是誰？我是誰？」

確實如此，他是名流，我是無名小卒。他看到我評語的最後一句批評的話，暴跳如雷了，他抬腿踢了我一腳，吼叫道：

「你真是不知道天高地厚，竟敢說我的劇情不夠緊湊。」

我趕緊往後退了兩步，提醒他，我的評語裡還有恭維之詞。他低下頭，讀到了我對地主獨白的吹捧，他的怒火明顯小了下去，他在椅子裡坐了下來，讓我也坐下。他認真將我的評語讀完後，似乎平靜下來了，他開始抱怨，說我用紅筆寫了評語後，他就不能將這個劇本再給別人讀了。我建議他將最後一頁撕掉，將劇本的結尾重新抄寫在稿紙上。我接著表示願意替他抄寫最後一頁上的結尾，他擺擺手說：

「算啦，我自己抄寫。」

然後他臉上出現了得意的笑容，他神祕地告訴我，縣文化館兩個創作幹部讀完了他的劇本，好評如潮。我心想，兩個人怎麼可以說是好評如潮。不過我臉上裝出了欣喜的表情，他繼續神祕地說，現在縣文化館的工宣隊長正在審讀劇本，一旦獲得通過，縣裡的毛澤東思想宣傳隊就將排練這個話劇，在縣劇院演出五場後，就會送到省城去參加群眾文藝會演的比賽。

這位小鎮名流的得意之情只是延續了幾天，然後開始其倒楣的生涯了。當時縣文化館的工宣隊長是一個大老粗，只有小學的文化程度。他讀了劇本裡地主獨白的那幾個段落之後，斷然認定這位小鎮名流是一個準備破壞社會主義建設的反革命分子。工宣隊長把地主的心理獨白當成他的心理獨白了。

我這位同學的大哥十分委屈，他向工宣隊長解釋，那些心理獨白是地主的，不是他的。工宣隊長用手拍打厚厚的劇本，問他：

「這個地主心裡想的那些字是不是都是你寫出來的？」

「是我寫的，」他繼續解釋，「可是……」

「你這麼寫，就是你心裡這麼想。」工宣隊長打斷他的話，不再給他任何解釋的機會了。

這位小鎮名流在一夜之間，從紅筆桿子變成了黑筆桿子。此後的兩年裡，他以現行反革命分子的身分，經常出現在我們中學操場公判大會的主席台上，胸前掛著大木牌，低著頭，一副戰戰兢兢的模樣。

我每次見到他站在那裡時，脖子後面就會感到冷風颼颼的，心想真是驚險。多虧了我的劇本裡的地主沒有心理獨白，多虧了我在他的劇本後面吹捧地主獨白的評語被他撕掉了。要不在公判大會時，主席台上面也可能會給我留出一個陪鬥的位置。

當時我們中學操場上每年都要開幾次公判大會，公開宣判一個或者幾個殺人犯強姦犯之類的人。公判大會的時候，總是要找幾個地主、右派和反革命分子參加陪鬥。這些陪鬥者胸前掛著大木牌，一字排開，站在同樣掛著大木牌的犯人兩旁。犯人被五花大綁，陪鬥的地主、右派和反革命分子沒有被繩子捆綁，這是陪鬥和犯人的區別。不是每一個地主、右派和反革命分子都會參加每一次的陪鬥，只有這位是例外，可能因為他是名流，只要有公判大會，他就會掛著大木牌，低頭出現在操場的主席台上，而且他的位置都是固定的，總是站在最右邊。他是我們小鎮的首席陪鬥。

幾年以後，當我正式開始寫作小說時，我的父母十分擔心我的命運。文革時期的經歷，讓他們害怕自己的兒子有朝一日也會成為黑筆桿子。

潘卡吉·米什拉的眼睛十分明亮，他是一位智慧的聆聽者。他安靜地微笑著，偶爾大笑的時候也是安靜的。我們就像是兩個記憶的垂釣者，坐在時光之河畔，讓往事來上鉤。

話題來到了我最初的牙醫工作和此後的小說寫作上。三十年前，我是一名牙科醫生，在中國南方的一個小鎮醫院裡，手握鋼鉗，每天拔牙長達八個小時。我的工作就是整天看著別人張開的嘴巴，那是世界上最沒有風景的地方。我告訴潘卡吉・米什拉，這樣的工作我幹了五年，拔下的牙齒超過一萬顆。

當時我二十出頭，午休的時候常常站在醫院臨街的視窗，看著下面喧鬧的街道，心裡重複著一個可怕的念頭：難道我要在這裡站上一輩子？

我就是那時候決定寫作小說的。我站在窗前的時候，經常看到在縣文化館工作的那些人，在大街上遊手好閒地走來走去。我心裡十分羨慕，有一次問一位在文化館工作的人：

「你們為什麼不工作？」

他回答說：「我們在大街上走來走去就是工作。」

我心想：這樣的工作我也喜歡。

我最大的願望就是能夠進入縣文化館工作。在大街上遊手好閒也是工作，我想如此美好的工作除了文化館以外，恐怕只有天堂裡才會有。當時的中國，個人是沒有權利選擇工作，工作都是國家分配的。我中學畢業以後，國家讓我幹起了牙醫。如果我放棄牙醫工作，去文化館從事遊手好閒的工作，同樣也需要得到國家的許可，而且首先要證明自己具有進入文化館的資格。通往文化館的美好前程有三條道路：一是學會作曲；二是學會繪畫；三就是寫作。對我來說，作曲和繪畫都要從頭學起，這太困難了；而寫作只要認識漢字就行，我只能選擇寫作了。

我是在文革十年裡完成自己的小學和中學課程，這樣的經歷讓我的成長豐富多彩，可是在學習上我虛度年華。我記得自己上中學的時候，總是弄錯上課鈴聲和下課鈴聲，經常是下課鈴聲響了，我走向教室準備去上課了。我當時認識的漢字其實不多，不過仍然可以應付自己的寫作。多年以後，中國的批評家紛紛讚揚我的敘述語言簡潔，我開玩笑地告訴他們：

「那是因為我認識的字不多。」

後來我的作品翻譯成了英文出版，一位美國的文學教授告訴我，我的語言翻譯成英文以後，很像是海明威的語言。我就將自己的玩笑出口到美國，對這位教授說：

「海明威認識的英文單詞也不會多。」

雖然是一個玩笑，卻也說出一個道理。人生常常如此，有時候從長處出發，愈走愈短；有時候從短處出發，反而愈走愈長。用毛澤東的話說：「好事會變成壞事，壞事也會變成好事。」如果繼續剛才的玩笑，那麼我和海明威，可能都是毛澤東所說的壞事變成了好事的那種人。

我二十二歲的時候，一邊拔牙一邊開始了寫作。拔牙是為了維持生計，寫作是為了以後不再拔牙。最初的時候，我常常覺得寫下一個字比拔下一顆牙齒還要費力。可是為了進入天堂般的文化館，我逼迫自己一直寫下去。當時我還年輕，讓自己的屁股和椅子建立起深厚的友誼不是一件容易的事情。週末的時候，窗外陽光明媚，鳥兒在飛翔，姑娘們笑聲朗朗，同齡的朋友都在外面玩耍，我卻獨自一人枯坐桌前，像是鐵匠打鐵一樣，使足了勁，寫下一個又一個硬邦邦的漢字。

後來，經常會有年輕人問我：「怎樣才能成為一名作家？」

我的回答只有一個詞彙，就是「寫作」。寫作就像是經歷一樣，如果一個人不去經歷什麼，那麼就不會了解自己的人生；同樣的道理，一個人不去寫作的話，就不會知道自己能夠寫出什麼。

我十分懷念一九八〇年代的初期，文革剛剛結束，一些被禁止了十年的文學雜誌紛紛復刊，還有更多新的文學雜誌正在湧現出來。一個幾乎沒有文學雜誌的中國，突然之間成為一個擁有一千多種文學雜誌的中國。於是大量的文學版面都像是飢餓的嬰兒一樣嗷嗷待哺，那時候已經發表過作品的作家，無論是出名的和還沒有出名的，他們所寫下的全部作品，仍然無法填滿如此眾多的文學版面。因此所有的編輯都在認真地閱讀著自由來稿，一旦發現了一部好作品，編輯們就會互相傳閱，整個編輯部都會興奮起來。

我趕上了這個文學版面和文學作品供求關係倒置的美好時代。我這個小鎮的牙醫，不認識任何文學雜誌的編輯，只知道雜誌的地址，就將自己寫下的短篇小說，寄到了一家又一家文學雜誌。當時寄稿件不用花錢，只要在信封上剪去一個角，表示郵資總付，讓雜誌社承擔郵資。而且文學雜誌如果不採用我的短篇小說，還會將稿件退回。我拿到自己的退稿後，第一個動作就是將信封拆開，翻過來，用膠水重新沾上，製作出另一個新的信封，在上面寫下另一個文學雜誌的位址，再扔進郵筒，當然我不會忘記剪掉一個角。

那時期我的幾部短篇小說手稿，免費地在中國各個城市之間旅遊，它們不斷地回到我的身旁，又不斷地被我送走。我手稿去過的城市，比我後來二十多年裡去過的城市還要多。退稿都是一些又厚又沉的信封，當時我們家有一個小院子，郵局的投遞員每次都是將我的退稿從圍牆外面扔進來。厚厚的退稿掉在地上時發出很大的響聲，坐在屋子裡的父親，不用起身到院子裡去看看，就知道是什麼東西扔進來了，他喊叫我的名字，大聲說：

「退稿啦！」

不久以後，文學版面和文學作品的供求關係，就朝著另一個方向變化了。隨著有名的作家和尚未有名的作家如春暖花開般的愈來愈多，文學雜誌的版面不再是嗷嗷待哺的嬰兒，一眨眼工夫就長成了美麗的姑娘，成為了瘋狂追求和激烈競爭的目標。而文學也從輝煌的頂峰開始滑落，美好的光陰轉瞬即逝了。雜誌社對

「郵資總付」不堪重負，紛紛發布公告，一是作者寄稿件要自己貼郵票，二是雜誌社不再退稿。

《北京文學》是我去過的第一家文學雜誌的編輯部，一間大屋子裡面沿牆擺滿了辦公桌，編輯們坐在那裡安靜地閱讀來稿，他們的桌子上堆滿了不知名作者的稿件，我看著他們用剪刀剪開信封，抽出裡面的稿件仔細閱讀。那時候我還沒有發表過作品，當我的短篇小說陸續發表後的第二年，我再去幾家文學雜誌的編輯部時，完全是另外一番景象了。桌子上的來稿信封上都是寫著編輯名字的，都是編輯們認識的作者寄來的稿件。而大量不知名作者的稿件被扔在廢紙簍裡，連信封都沒有拆開，就讓收集廢品的人將它們搬走，當成廢紙去出售，在造紙廠裡變成了紙漿，再製造出新的稿紙。我當時意識到，已經沒有編輯在認真閱讀自由來稿了。

從那以後，一個熱愛寫作的年輕人，即使才華橫溢，即使寫下了優秀的作品，如果不認識某位文學編輯，就很難獲得出版的機會。如此殘酷的現實持續了很多年，直到網絡文學在中國興起，新興的發表形式終於讓有才華的年輕人可以破土而出了。

現在回想起當初的情景，我慶幸自己趕上了一個美好時代的尾聲。如果我遲兩年寫小說的話，我想不會有編輯在堆積如山的自由來稿中發現我。那麼此刻的我，仍然是在中國南方的小鎮醫院裡，手握鋼鉗，每天拔牙長達八個小時。

我命運的改變，來自一九八三年十一月時候的一個電話。我所在的小鎮剛剛進入冬天，這天下午快要下班的時候，一個遙遠的電話尋找到了我。

當時我們醫院只有一部電話，放在樓下的掛號室裡，是那種手搖的電話，透過總機轉號，而我們全縣也只有一個總機，在縣郵電局裡。我們醫院負責掛號的同事，接到這個電話後，她跑到大街上，對著樓上我所在科室的窗戶，喊叫我的名字，說有一個電話找我。

我下樓的時候以為是小鎮上的某一位朋友打來的，約我晚上玩撲克牌什麼的，可是當我拿起電話，聽到了縣郵電局總機小姐的聲音，她告訴我說是一個來自北京的長途電話。我當時心臟一陣狂跳，感到偉大的事情馬上就要發生了。

那時候長途電話接通了還需要等待一些時候，當我們縣裡的總機小姐告訴我有一個北京長途時，我估計這個電話剛剛接到上海，正沿著冬天裡的電話線前往我所在的小鎮，期間還要堵塞幾次，我拿著電話等了差不多有半個小時。就在我充滿希望又焦躁不安地等待之時，有幾個從我們小鎮上打進來的電話，要找醫院裡的其他幾個同事接聽電話，為此我火冒三丈，在電話裡嚴肅地告訴對方：

「不准你打這個電話。」

電話那頭傳來詫異的聲音：「為什麼？」

我告訴他：「我正在等待一個中共中央的電話。」

北京來的長途電話終於接通了。我聽到了周雁如的聲音，她是一九八〇年代初期《北京文學》的實際主編。周雁如在電話裡第一句話就是告訴我，她早晨上班時就掛出了這個長途電話，一直到下午快下班時才接通。她說：

「我都失望了，準備明天再繼續給你掛長途電話，沒想到接通了。」

我一生都不會忘記她當時的聲音，說話並不快，可是讓我感到她說得很急，她的聲音清晰準確。她告訴我，我寄給《北京文學》的三個短篇小說都要發表，其中有一篇需要修改一下，她希望我立刻去北京。她在電話裡說，路費和住宿費由《北京文學》承擔，這是我最關心的事，當時我每月的工資只有三十六元人民幣。她又說我在改稿期間每天還有出差補助，最後她告訴我《北京文學》的地址——西長安街七號，告訴我出了北京站後應該坐十路公交車。她其實並不知道我是第一次出門遠行，可是她那天說得十分耐心和仔細，就像是在囑咐一個小孩，將所有的細節告訴了我。

我放下電話，決定第二天就坐上長途汽車去上海，再從上海坐火車去北京。可是我馬上面臨一個難題，就是如何去向我們的院長請假，我覺得他不會同意我去北京，因為他不知道我正在寫小說。一個拔牙的突然說要去北京修改他的小說，這簡直是天方夜譚。我沒有當面去向他請假，而是寫了一張請假條。

到了晚上，我敲開一位拔牙同事的家門，把請假條交給他，請他明天上班後再將請假條交給我們的院長。那時候我已經坐在去上海的長途汽車裡了，他就是不同意也來不及了，生米已經煮成了熟飯。

可是我的這位拔牙同事有些膽小，他不敢將我的請假條交給院長，怕院長怪罪於他。他反覆說，我應該自己去交請假條。我告訴他，我從北京改稿回來的時候，會給他帶來著名的北京果脯，還有慈禧太后最愛吃的茯苓夾餅。我的拔牙同事一聽說北京果脯和茯苓夾餅，就忍不住吞起了口水，這在當時是令人垂涎三尺的美食。他抵擋不住腐敗的誘惑，同意在第二天我坐上了長途汽車以後，再將我的請假條交給我們院長。我的計策成功了，用今天的話來說，這叫行賄；用文革時期的話來說，這叫打出了一顆糖衣砲彈。

二十六年前我第一次到北京，住了差不多有一個月。周雁如要求我將小說的結尾修改一下，原來的結尾有些灰暗，她要我改成一個光明的結尾。我記得從未見過資本主義的她，對當時也未見過資本主義的我說：

「社會主義是光明的，只有資本主義才會有這樣的灰暗。」

我兩天就將稿子改完了，完全按照周雁如的要求去修改。對於當時的我來說，發表小說比什麼都重要。別說是改出一個光明的結尾，就是從頭到尾改得像太陽一樣燦爛也沒有問題。周雁如對我的修改十分滿意，連聲誇獎我聰明。然後告訴我，不要急著回去，趁這個機會在北京好好玩一玩。

當時我不知道自己後來會定居北京，我覺得這是一個難得的機會，就獨自一人在北京冬天的寒風裡到處遊走。那時候中國還沒有開發旅遊業，我在故宮轉悠了一天，只見到十多個遊玩的人。到長城是坐長途客車去的，爬上八達嶺長城，塞外的寒風吹在我臉上，就像是有幾隻手掌不停地搧我耳光一樣。我在長城上只遇到一個遊客，我爬向烽火台時，他正從上面下來，我向他打了一個招呼，建議他再和我一起爬上去，他連連搖頭哆嗦地說：

「太冷了。」

等我從寒風凜冽的長城下來，走進破舊的小車站，剛才見到的那個遊客正縮在角落裡，還在繼續著他從長城帶下來的哆嗦。回城裡的長途汽車還沒有到，我坐到他身旁，和他一起哆嗦起來。

今天的中國，到了旅遊旺季，故宮裡和長城上人山人海，看上去不像是在旅遊，更像是在集會遊行。

我玩遍了北京，然後向我的編輯王潔打聽還有什麼地方值得一玩？王潔每次說出一個地方，我都說已經去過了。王潔笑了，她說：

「你應該回家了。」

王潔為我去買了火車票，然後坐在桌子前，拿著一枝筆為我算賬，算完賬，又到會計那裡替我領了錢。我發現不僅改稿的兩天有補助，連遊玩的那些天也都有補助。當我坐上南下的火車時，我口袋裡有七十多元人民幣，這對當時的我是一筆巨款，讓我厚顏無恥地覺得自己是天底下最富有的人。

王潔還給我開了一張證明，證明我在《北京文學》的改稿確有其事。當我回到海鹽後，才知道這張證明是多麼重要，當時我們小鎮醫院的院長見到我的第一句話就是：

「有沒有證明？」

我從北京回家後，我們小小的海鹽轟動了。我是中華人民共和國歷史上第一個去北京改稿的海鹽人。我們縣裡的領導認為我是一個人才，他們覺得我不應該再拔牙了，應該去文化館工作。就這樣，經過了一番複雜的調動手續，我的調動函上蓋了七、八個公章以後，我終於進入了夢寐以求的文化館。我記得第一天到文化館上班時，心想文化館的人整天在大街上遊玩，所以故意遲到了兩個小時，結果發現自己竟然是第一個來上班的。我欣喜地告訴自己：

「這地方來對了。」

這是社會主義留給我的最為美好的記憶。

幾年前曾經有一位西方記者問我：「你當初為何要放棄富有的牙醫生活，去從事貧窮的寫作？」

這位西方記者不知道，當時的中國剛剛開始改革開放，仍然是社會主義大鍋飯時期，只要是城鎮的職工，不管從事什麼樣的工作，每個月的薪水都是一樣的。我在文化館工作是一個窮光蛋，做牙醫也是一個窮光蛋。不同的是，牙醫是一個辛苦的窮光蛋，在文化館工作是一個幸福自由的窮光蛋。

現在我已經擁有二十七年的寫作歷史，我可以說這樣的話了：我熱愛寫作。每個人在其一生裡都有無數的欲望和情感不能表達出來，現實環境和個人理智壓制了它們。可是在寫作的世界裡，這些受到壓制的欲望和情感可以充分表達出來。我覺得，寫作有助於一個人的身心健康，可以讓一個人的人生變得完整起來。或者說，寫作會讓一個人擁有兩條人生道路，一條是現實的，另一條是虛構的。它們之間的關係就像是健康和疾病一樣，一個強大起來的時候，另一個必然衰落下去。當我現實的人生道路愈來愈平淡之時，也就意味著我虛構的人生道路愈來愈豐富了。

潘卡吉·米什拉離開北京之後，在他倫敦的家中，也可能在他新德里的家中，或者在世界上某個我不知道的角落裡，發來了E-mail。他問我：「你早期的短篇小說充滿了血腥和暴力，後來這個趨勢減少了，為什麼？」

回答這樣的問題並不容易，不是因為沒有答案，而是因為答案太多。我相信作為一位小說家的潘卡吉·米什拉，他知道我有很多的回答可以選擇，我可以滔滔不絕地說上幾天，把自己說得口乾舌燥，然後發現自己仍然沒有說完，仍然有不少答案在向我暗送秋波，期待著被我說出來。

經驗告訴我，過多的答案等於沒有答案，真正的答案可能只有一個。所以我決定只是說出其中的一個，我想可能是最重要的一個。至於是不是那個真正的答案？我不得而知。

現在我又要說故事了，這是我的強項。很久以來，我始終有一個十分固執的想法，我覺得一個人成長的經歷會決定其一生的方向。世界最基本的圖像就是這時候來到一個人的內心深處，如同複印機似的，一幅又一幅地複印在一個人的成長裡。在其長大成人以後，不管是成功，還是失敗；不管是偉大，還是平庸；其所作所為都只是對這個最基本圖像的局部修改，圖像的整體是不會被更改的。當然，有些人修改的多一些，有些人修改的少一些。我相信毛澤東的修改，肯定比我的多。

我覺得是自己成長的經歷，決定了我在一九八〇年代寫下那麼多的血腥和暴力。文化大革命開始時，我念小學一年級；文化大革命結束時，我高中畢業。我的成長目睹了一次次的遊行、一次次的批鬥大會、一次次的造反派之間的武鬥，還有層出不窮的街頭群架。在貼滿了大字報的街道上見到幾個鮮血淋淋的人迎面走來，是我成長裡習以為常的事情。這是我小時候的大環境，小環境也同樣是血淋淋的。我的父母都是醫生，我和哥哥是在醫院裡長大的，我們在醫院的走廊和病房裡到處亂竄，習慣了來蘇兒的氣味，習慣了嚎叫的聲音和呻吟的聲音，習慣了蒼白的臉色和奄奄一息的表情，習慣了沾滿血跡的紗布扔在病房裡和走廊上。

我們的父親時常是剛剛給患者做完手術，手術服上和口罩上血跡斑斑，就在醫院裡到處走動，喊叫我們的名字，要我們立刻到食堂去吃飯。

當時醫院的手術室是一間簡陋的平房，有時候我和哥哥會趁著護士不在手術室門外的時候，迅速地長驅直入，去看看正在給病人進行手術的父親，看到父親戴著透明手套的手在病人肚子上劃開的口子伸進去，扒拉著裡面的腸子和器官。父親發現我們兄弟兩個站在一旁偷看手術過程時，就會吼叫一聲：

「滾出去！」

我們立刻逃之夭夭。

然後在一九八六年至一九八九年，我突然寫下了大面積的血腥和暴力。中國的文學批評家洪治綱教授在二〇〇五年出版的《余華評傳》裡，列舉了我這期間創作的八部短篇小說，裡面非自然死亡的人物竟然多達二十九個。

這都是我從二十六歲到二十九歲的三年裡所幹的事，我的寫作在血腥和暴力裡難以自拔。白天只要寫作，就會有人物在殺人，就會有人物血淋淋地死去。到了晚上我睡著以後，常常夢見自己正在被別人追殺。夢裡的我孤立無援，不是東躲西藏，就是一路逃跑，往往是我快要完蛋的時候，比如一把斧子向我砍下來的時候，我從夢中驚醒了，大汗淋漓，心臟狂跳，半晌才回過神來，隨後發出由衷的慶幸：

「謝天謝地！原來只是一個夢。」

可是天亮以後，當我坐在書桌前繼續寫作時，立刻好了傷疤忘了疼，在我筆下湧現出來的仍然是血腥和暴力。好像凡事都有報應，晚上我睡著後，繼續在夢中被人追殺。這三年的生活就是這麼的瘋狂和可怕，白天我在寫作的世界裡殺人，晚上我在夢的世界裡被人追殺。如此周而復始，我的精神已經來到崩潰的邊緣，自己卻全然不覺，仍然沉浸在寫作的亢奮裡，一種生命正在被透支的亢奮。

直到有一天，我做了一個漫長的夢，以前的夢都是在自己快要完蛋的時候驚醒，這個夢竟然親身經歷了自己的完蛋。也許是那天我太累了，所以夢見自己完蛋的時候仍然沒有被嚇醒。就是這個漫長的夢，讓一個真實的記憶回來了。

先來說一說這個真實的記憶。文革時期的小鎮生活雖然不乏暴力，可是十分的枯燥和壓抑。在我的記憶裡，一旦有犯人被槍斃，整個小鎮就會像過節一樣熱鬧。我在本文的前面已經敘述過，當時所有的審判都是透過公判大會來完成的。等待判刑的犯人站在中間，犯人胸前都掛著大牌子，牌子上寫著他們所犯下的罪行，反革命殺人犯、強姦殺人犯和盜竊殺人犯等等。在犯人的兩旁一字排開陪鬥的地主和右派，還有歷史反革命和現行反革命。犯人低頭彎腰站在那裡，聽著一個個慷慨激昂的聲音對自己長篇大論的批判，批判稿的最後就是判決詞。

我生活的小鎮在杭州灣畔，每一次的公判大會都是在縣中學的操場上進行。中學的操場擠滿了小鎮的居民，掛著大牌子的犯人站在操場的主席台前沿，後面坐著縣革命委員會的成員，通常是由縣革命委員會指定的人站在麥克風前，大聲念著批判稿和最後的判決詞。如果有犯人被五花大綁，身後又有兩個持槍的軍人威風凜凜，那麼這個犯人一定會被判處死刑。

我從童年開始就站在中學的操場上了，經歷了一次又一次的公判大會，聽著高音喇叭裡出來的激昂的聲音，判決書其實是很長的批判稿，前面的部分都是毛澤東說過的話和魯迅說過的話，其後的段落大多是從《人民日報》上抄下來的，冗長乏味，我每次都是兩條腿站立的酸痛了，才會聽到那個犯人是什麼罪行。最後的判決詞倒是簡明扼要，只有八個字：

判處死刑，立即執行！

文革時期的中國，沒有法院，判刑後也沒有上訴，而且我們也沒有聽說過世界上還有一種職業叫律師。一個犯人被公判大會判處死刑以後，根本沒有上訴的時間，直接押赴刑場執行槍決。

當「判處死刑，立即執行」的聲音響過之後，台上五花大綁的犯人立刻被兩個持槍的軍人拖了下來，拖到一輛卡車上，卡車上站立著兩排荷槍實彈的軍人，其氣勢既莊嚴又嚇人。卡車向著海邊行駛，後面是上千的小鎮居民蜂擁跟上，或騎車或奔跑，黑壓壓地湧向海邊。我從童年到少年，不知道目睹了多少個判處死刑的犯人，他們聽到對自己的判決那一刻，身體立刻癱軟下來，都是被兩個軍人拖上卡車的。

我曾經近在咫尺地看到一個死刑犯人被拖上卡車的情景，我看到犯人被捆綁在身後的雙手，可怕的雙手，由於繩子綁得太緊，而且綁的時間也太久，犯人兩隻手裡面的血流早已中斷，犯人的雙手不再是我們想像中的蒼白，而是發紫發黑了。後來的牙醫生涯讓我具有了一些醫學知識，我才知道這樣發紫發黑的手已經壞死。那個犯人在被槍斃之前，他的雙手已經提前死亡。

槍斃犯人是在海邊的兩個地方，我們稱之為北沙灘和南沙灘。我們這些小鎮上的孩子跟不上卡車，所以我們常常事先押寶，上次槍斃犯人是在北沙灘，這次就有可能在南沙灘了。當公判大會剛剛開始，我們這些孩子就向著海邊奔跑了，準備搶先占據有利位置，當我們跑到南沙灘，看到空無一人，就知道跑錯地方了，再往北沙灘跑已經來不及了。

有幾次我們幾個孩子跑對了沙灘，近距離觀看了槍斃犯人。這是我童年時最為震顫的情景，荷槍實彈的軍人站成一個圓形，阻擋圍觀的人群擠過去，一個執行槍決的軍人往犯人的腿彎處踢上一腳，犯人立刻跪在了地上，然後這個軍人後退幾步，站在鮮血濺出的距離之外，端起了步槍，對準犯人的後腦，「砰」地開出一槍。我感到，一顆小小子彈的威力超過一把大鐵錘，一下子就將犯人砸倒在地。執行槍決的軍人在開出一槍後，還要走上前去，檢查一下犯人是否已經死亡？如果沒有死亡，還要補上一槍。當軍人將犯人的身體翻轉過來時，我就會看到令我全身發抖的情景，子彈從後腦進去時只是一個小小的洞眼，從前面出來後，犯人的前額和臉上破碎不堪，前面的洞竟然像我們吃飯用的碗那麼大。

接下來讓我的講述回到那個漫長和可怕的夢，也就是我親身經歷自己如何完蛋的夢。這個夢發生在一九八九年底的某個深夜，睡夢中的我被繩子五花大綁，胸前掛著大牌子，站在我們縣中學操場的主席台前沿，我的身後站著兩個持槍的軍人，我的兩旁站著陪鬥的地主、右派和反革命分子，那個我前面說到的小鎮名流黑筆桿子倒是沒有出現在我的夢裡。我夢中的台下擠滿了烏雲般的人群，他們的聲音彷彿雨點般地響著。我聽著高音喇叭裡響著一個莊嚴的批判聲，那個聲音在控訴我的種種罪行，我好像犯下了很多不同種類的殺人罪，最後是判決的八個字：

判處死刑，立即執行。

話音剛落，一個持槍的軍人從後面走到我的身旁，慢慢舉起了他手中的步槍，對準了我的腦袋，我感覺槍口都頂到了我的太陽穴。接著我聽到了「砰」的一聲槍響，我知道這個軍人開槍了。夢中的我被擊倒在台上，奇怪的是我竟然站了起來，而且還聽到台下嗡嗡的人聲。我覺得自己的腦袋被子彈擊空了，像是砸了一個洞的雞蛋，裡面的蛋青和蛋黃都流光了。夢中的我頂著一個空蛋殼似的腦袋，轉過身去，對著開槍的軍人大發雷霆，我衝著他喊叫：

「他媽的，還沒到沙灘呢！」

然後我從夢中驚醒過來，自然是大汗淋漓和心臟狂跳。可是與以前從噩夢中驚醒的情景不一樣，我不再慶幸自己只是做了一個夢，我開始被一個回來的記憶所糾纏。中學的操場，公判大會，死刑犯人提前死亡的雙手，卡車上兩排荷槍實彈的軍人，沙灘上的槍決，一顆子彈比一個大鐵錘還要威力無窮，死刑犯人後腦精緻的小洞和前額破爛的大洞，沙灘上血跡斑斑……可怕的情景一幕幕在我眼前重複展現。

我捫心自問，為何自己總是在夜晚的夢中被人追殺？我開始意識到是白天寫下太多的血腥和暴力。我相信這是因果報應。於是在那個深夜，也可能是凌晨了，我在充滿冷汗的被窩裡嚴肅地警告自己：

「以後不能再寫血腥和暴力的故事了。」

就這樣，我後來的寫作像潘卡吉・米什拉在E-mail中所說的那樣：血腥和暴力的趨勢減少了。

現在，差不多二十年過去了。回首往事，我仍然心有餘悸。我覺得二十年前的自己其實走到了精神崩潰的邊緣，如果沒有那個經歷了自己完蛋的夢，沒有那個回來的記憶，我會一直沉浸在血腥和暴力的寫作裡，直到精神失常。那麼此刻的我，就不會坐在北京的家中，理性地寫下這些文字；此刻的我，很有可能坐在某個條件簡陋的精神病醫院的床上，面對巨大的黑暗發呆。

有時候，人生和寫作其實很簡單，一個夢，讓一個記憶回來了，然後一切都改變了。

魯迅

二〇〇六年五月的一天，我坐在井然有序的哥本哈根機場的候機廳裡，準備轉機前往奧斯陸。身旁不同國家的人在用不同的語言小聲說話，我的目光穿越明亮的落地玻璃窗，停留在窗外一架挪威航空公司飛機的尾翼上。我被尾翼上一個巨大的頭像所吸引，我知道自己過會兒就要乘坐這架飛機前往奧斯陸。為了消磨時光，我心裡反覆思忖：飛機尾翼上的頭像是誰？

我的思維進入了死胡同，身體一動不動。我有似曾相識之感，他的頭髮有點蓬鬆有點長，他的鼻子上架著一付老式的圓型眼鏡。

開始登機了，我起身走向登機口。然後我坐到挪威航空公司航班臨窗的座位上，繼續想著尾翼上巨大的頭像。我總覺得曾經見過他，可他究竟是誰？

就在飛機從跑道上騰空而起的剎那間，我的思維豁然開朗，我想起來他是誰了。同樣的頭像就在一本中文版的《培爾．金特》（*Peer Gynt*）裡，他是易卜生。看著窗外下面的哥本哈根逐漸遠去，我不由笑了起來，心想這個世界上有過很多偉大的作家，可是能在天上飛來飛去的作家恐怕只有易卜生了。

我降落在易卜生逝世一百周年之際的奧斯陸，綿綿細雨籠罩著奧斯陸的大街，印有易卜生頭像的彩旗飄揚在大街兩旁，彷彿兩行頭像的列隊，很多個易卜生從遠到近，在雨中注視著我，讓我感到他圓型鏡片後面的目光似乎意味深長。

我在奧斯陸的第一次用餐，就在易卜生生前經常光顧的一家餐館裡。餐館散發著我在歐洲已經熟悉的古老格調，高高的屋頂上有著精美的繪畫，中間有著圓型柱子。作為紀念活動的一部分，餐館進門處擺放著一隻小圓桌，桌上放著一頂黑色禮帽，旁邊是一杯剛剛喝光的啤酒，玻璃杯上殘留著啤酒的泡沫。一把拉開的椅子旁放著一支枴杖。這一切象徵著易卜生正在用餐。

此後的三天裡，我沒有再次走入這家餐館。可是我早出晚歸之時，就會經過這家餐館。每次我都會駐足端詳一下裡面屬於易卜生的小圓桌，黑色禮帽和枴杖總是在那裡，椅子總是被拉開。我發現了有關易卜生紀念活動裡的一個小小細節，早晨我經過時，小圓桌上的玻璃杯裡斟滿啤酒；晚上我回來時，酒杯空了，玻璃杯上沾著一點啤酒泡沫。於是，我擁有了美好的錯覺，一百年前逝世的易卜生，每天都在象徵性地看著一位中國作家的早出晚歸，象徵性地思忖：

「這個中國人寫過什麼作品？」

我想起了我們的魯迅。易卜生的名字最早以中文的形式出現，是在魯迅的〈文化偏至論〉和〈摩羅詩力說〉裡。這是兩篇用文言文敘述的文章，發表在一九〇八年的《河南》月刊上，易卜生去世將近兩年了。一九二三年，魯迅在北京女子高等師範學校發表了著名的演講〈娜拉走後怎樣〉。魯迅在演講裡說：「走了以後怎樣？易卜生並無解答；而且他已經死了。即使不死，他也不負責解答的責任。」然後魯迅以一個讀者的身分給予解答：娜拉走後「不是墮落，就是回來……還有一條，就是餓死了。」魯迅認為，婦女要擺脫任人擺布的地位必須獲得與男人平等的經濟權。魯迅在此用他冷嘲熱諷的語調說道：「錢這個字很難聽，或者要被高尚的君子們所非笑，但我總覺得人們的議論是不但昨天和今天，即使飯前和飯後，也往往有些差別。凡承認飯需要錢買，而以說錢為卑鄙者，倘能按一按他的胃，那裡面怕總還有魚肉沒有消化完，須得餓他一天之後，再來聽他發議論。」

挪威航空公司飛機尾翼上巨大的易卜生頭像，以及這樣的頭像縮小後又飄揚在奧斯陸的大街上，讓我感受到了易卜生在挪威的特殊地位。當然這位偉大的作家在世界的很多地方都有著崇高的地位，可是我隱約有這樣的感覺，「易卜生」在挪威不只是一個代表了幾部不朽之作的作家的名字，「易卜生」在挪威可能是一個詞彙了，一個已經超出文學和人物範疇的重要詞彙。

就像我小時候的「魯迅」，我所說的是文化大革命時期的「魯迅」。那時的「魯迅」不再是一個作家的名字，而是一個在中國家喻戶曉的詞彙，一個包含了政治和革命內容的重要詞彙。於是，我在奧斯陸大學演講時，講起了我和魯迅的故事。

文革是一個沒有文學的時代，只是在語文課本裡尚存一絲文學的氣息。可是我們從小學到中學的課本裡，只有兩個人的文學作品。魯迅的小說、散文和雜文，還有毛澤東的詩詞。我在小學一年級的時候，十分天真地認為：全世界只有一個作家名叫魯迅，只有一個詩人名叫毛澤東。

我想，魯迅應該是過去那個時代裡最具批判精神的作家。一九四九年共產黨獲得政權以後，新社會開始了，同時需要對此前的舊社會進行無情的鞭撻，於是魯迅那些極具社會批判意義的作品成為了共產黨手中揮舞的鞭子。我們從小就被告知，萬惡的舊社會是一個「吃人」的社會，其證據就是來自於魯迅的第一部短篇小說〈狂人日記〉，虛構作品中一個瘋子「吃人」的囈語被當時的政治需求演繹成了真實的社會現狀。語文課本裡魯迅的其他作品〈孔乙己〉、〈祝福〉和〈藥〉等等，無一例外地被解讀成了揭露舊社會罪惡的範本。

當然，毛澤東對魯迅的欣賞至關重要，讓其名聲在後來的新社會裡飛黃騰達，享受到了三個偉大——偉大的文學家、偉大的思想家和偉大的革命家。這位一九三六年去世的作家，其影響力在一九六六年開始的文革時代達到了頂峰，僅次於毛澤東。可以說是一人之下，萬人之上。那時候幾乎每篇文章，無論是出現在報紙上廣播裡，還是出現在街頭的大字報上，都會在毛澤東的語錄之後，引用魯迅的話。人民群眾的批判文章裡要用魯迅的話，地富反壞右交代自己罪行的材料裡也要用魯迅的話。「毛主席教導我們」和「魯迅先生說」已經成為當時人們的政治口頭禪。

有趣的是，文革時期「先生」這個詞彙也被打倒了，是屬於封建主義和資產階級的壞東西。魯迅破例享受了這個封建主義和資產階級的待遇，當時全中國只有魯迅一個人是先生，其他人都是同志，要不就是階級敵人。

這時候的「魯迅」，已經不再是那位生前飽受爭議的作家，他曾經遭受到的疾風暴雨般的攻擊早已煙消雲散，彷彿雨過天晴一樣，這時候的「魯迅」光輝燦爛了。「魯迅」已經從一個作家變成了一個詞彙，一個代表著永遠正確和永遠革命的詞彙。

我有口無心地讀著語文課本裡魯迅的作品，從小學讀到高中，讀了整整十年，可是仍然不知道魯迅寫下了什麼？我覺得魯迅的作品沉悶、灰暗和無聊透頂。除了我在寫批判文章時需要引用魯迅的話，其他時候魯迅的作品對我來說基本上是不知所云。也就是說，魯迅作為一個詞彙時，對我是有用的；可是作為一個作家的時候，讓我深感無聊。因此，我小學和中學的往事裡沒有魯迅的作品，只有「魯迅」這個詞彙。

在我的文革歲月裡，我曾經充分利用過「魯迅」這個強大的詞彙。我成長的經歷裡除了革命和貧窮，就是無休無止的爭論。爭論是我童年和少年時期的奢侈品，是貧困生活裡的精神食糧。

我小學時和一位同學有過一個爭論：太陽什麼時候離地球最近？這位同學認為是早晨和傍晚，因為那時候的太陽看上去最大。我認為是中午，因為中午的時候最熱。我們兩個人不知疲憊地開始了馬拉松式的爭論，每天見面時，都是陳述自己的理由，然後駁斥對方的觀點。這樣的廢話說了不知道有多少遍以後，我們開始尋求其他人的支援。他拉著我去找他的姊姊，他姊姊聽完了我們兩方的理由後，馬上站到了他的立場上。這個當時還沒有發育的女孩一邊踢著毽子一邊說：

「太陽當然是早晨和傍晚離地球最近。」

我不甘失敗，拉著他去找我的哥哥。我哥哥自然要維護自己的弟弟，他向我的同學揮了兩下拳頭，威脅他：

「你再敢說早晨和傍晚最近，小心老子揍你。」

我對哥哥的回答方式深感失望，我需要的是真理，不是武力。我們兩個又去找了其他年齡大一些的孩子，有支持他的，也有贊成我的，始終難分勝負。我們之間的爭論長達一年時間，小鎮上年齡大一些的孩子都被我們拉出來當過幾次裁判，連他們都開始厭煩了，只要看到我們兩個爭吵地走向他們，他們就會吼叫：

「滾開！」

我們只好將唾沫橫飛的爭論局限在兩個人的範圍裡。後來他有了新的發現，開始攻擊我的「熱」理論，他說如果用熱作為標準的話，那麼太陽是不是夏天離地球近，冬天離地球遠？我反駁他的「視覺」理論，如果用看上去大小作為標準，那麼太陽在雨天是不是就小的沒有了？

我們繼續爭論不休，直到有一天我搬出了魯迅，一下子就把他打垮了。我在情急之中突然編造了魯迅的話，我衝著他喊叫：

「魯迅先生說過，太陽中午的時候離地球最近！」

他啞口無言地看了我一會兒，小心翼翼地問：「魯迅先生真的說過這話？」

「當然說過，」我雖然心裡發虛，嘴上仍然強硬，「難道你不相信魯迅先生的話？」

「不是的，」他慌張地擺了擺手，「你以前為什麼不說呢？」

我一不作二不休，繼續胡編亂造：「以前我不知道，是今天早晨在廣播裡聽到的。」

他悲傷地低下了頭，嘴裡喃喃地說道：「魯迅先生也這麼說，肯定是你對了，我錯了。」

就這麼簡單，他不遺餘力地捍衛了一年的太陽距離觀點，在我虛構的魯迅面前立刻土崩瓦解了。此後的幾天裡，他沉默寡言，獨自一人品嘗失敗的滋味。

這是文革時代的特徵，不管是造反派之間或者紅衛兵之間的爭論，還是家庭婦女之間的吵架，最終的勝利者都是拿出某一句毛澤東說過的話，然後一錘定音，結束爭論和吵架。當時我本來是想編造一句毛澤東的話，可是話到嘴邊還是膽怯了，不由自主地把「毛主席教導我們」改成了「魯迅先生說」。日後即便被人揭露出來，被打倒了，成為小反革命分子，也會罪輕一等。

進入初中以後，我和這位同學開始了另一場曠日持久的爭論。我們討論起了原子彈的威力，他說如果把世界上所有的原子彈捆綁到一起爆炸的話，地球肯定會粉身碎骨似的毀滅；我不同意，我說地球的表面會被摧毀，但是地球不會因此破碎，地球仍然會正常地自轉和公轉。

我們從討論的層面進入到了爭論的層面，而且爭論不斷升級和擴大，兩個人在學校裡整天聲嘶力竭地辯論，然後像競選似的，各自去拉攏其他男同學。有支持他的，也有支持我的，當時初一年級裡的男生們分成了地球毀滅和不毀滅兩大陣營。時間一久，我們的男同學們厭倦了這樣的爭論，只有我們兩個人繼續在爭論裡樂此不疲。男同學們為此給予我們一個共同的綽號：

「這兩個地球。」

有一天我們打籃球的時候也爭論起來，我們已經爭論了幾個月了，我們都覺得應該結束這場爭論了。我們就在籃球場上做出決定，去找化學老師，讓她給出一個權威的答案。我們一邊爭論一邊走去，他忘記了手裡抱著籃球，後面打球的幾個同學急了，衝著我們喊叫：

「喂，喂，兩個地球，把籃球還給我們。」

我們要去請教的化學老師是新來的，來自北方的一個城市，是一位三十多歲的女性，我們覺得她很洋氣，因為她說著一口標準的普通話。不像其他老師，課上課下都只會說本地土話。我們在年級的教研室裡找到了她，她耐心地聽完我們各自的觀點後，十分嚴肅地說：

「全世界人民都是愛好和平的，怎麼可能把原子彈捆綁在一起爆炸？」

沒想到這位洋氣的化學老師給我們耗時幾個月的爭論來了一個釜底抽薪，讓我們措手不及。我們兩個人傻乎乎地走出了初中年級教研室，又傻乎乎地互相看了一會兒，然後同時罵了一聲：

「他媽的！」

接下去我們繼續爭論，都是一副誓不罷休的模樣。我終於再次被逼急了，故伎重演地喊叫起來：

「魯迅先生說過，即使將全世界的原子彈綁在一起爆炸，也毀滅不了我們的地球。」

「又是魯迅先生說？」他滿腹狐疑地看著我。

「你不相信？」我那時候是死豬不怕開水燙了，「難道我是在編造魯迅先生的話？」

我堅定的神態讓他退卻了，他搖搖頭說：「你不敢，誰也不敢編造魯迅先生的話。」

「我當然不敢。」我心虛地說道。

他點點頭說：「這『即使』確實很像是魯迅先生的語氣。」

「什麼叫很像？」我乘勝追擊，「這就是魯迅先生的語氣。」

然後，我的這位同學垂頭喪氣地走去了。他可能百思不得其解：魯迅先生為何總是和他作對？不過幾個月以後，我把自己嚇出了一身冷汗。我突然發現了一個巨大的破綻，魯迅是一九三六年去世的，第一顆原子彈在日本廣島爆炸的時間卻是一九四五年。我膽戰心驚了好幾天以後，主動去向這位同學認錯，我對他說：

「我上次說錯了，魯迅先生的原話裡不是說原子彈，是說炸彈。他說，即使全世界的炸彈綁在一起爆炸……」

我同學的眼睛立刻明亮了，他揚眉吐氣地說：「炸彈怎麼可以和原子彈比呢！」

「當然不能比，」為了蒙混過關，我只好承認他的觀點是對的，「你說得對，如果世界上的原子彈捆綁在一起爆炸的話，地球肯定被炸得粉身碎骨。」

我和這位同學從小學到初中的兩次馬拉松式的爭論，最終結果是一比一。這個結果沒有意義，爭論也沒有意義，有意義的是由此引出了一個事實，就是作為一個詞彙的「魯迅」，在文化大革命時期實在是威力無窮。

我和魯迅的故事還在演繹，接下去是我一個人的魯迅了。我過去生活中有過一些瘋狂的經歷，其中之一就是我曾經將魯迅的短篇小說〈狂人日記〉譜寫成歌曲。

那時候我是一名初二的學生，應該是一九七四年，文革進入了後期，生活在愈來愈深的壓抑裡一成不變地繼續著。我在上數學課的時候去打籃球，上化學課或者物理課時在操場上遊蕩，無拘無束。然而課堂讓我感到厭倦之後，我又開始厭倦操場了，我愁眉苦臉不知道如何打發日子，無所事事的自由讓我感到了無聊。這時候我發現了音樂，準確的說法是我發現了簡譜，於是在像數學課一樣無聊的音樂課裡，我獲得了生活的樂趣，激情回來了，我開始作曲了。

我並不是被音樂迷住了，而是被簡譜迷住了。我不知道是出於什麼原因，可能是我對它們一無所知。不像我翻開那些語文和數學的課本時，我有能力去讀懂裡面正在說些什麼。可是那些簡譜，我根本不知道它們在幹什麼，我只知道那些革命歌曲一旦印刷下來就是這副模樣，稀奇古怪地躺在紙上，暗暗講述著聲音的故事。無知構成了神祕，神祕變成了召喚，召喚勾引出了我創作的欲望。

我絲毫沒有去學習這些簡譜的想法，直接就是利用它們的形狀開始了我的音樂寫作，這肯定是我一生裡唯一的一次音樂寫作。我第一次音樂寫作的題材就是魯迅的短篇小說〈狂人日記〉，我先將魯迅的小說抄寫在一本新的作業簿上，然後將簡譜裡的各種音符胡亂寫在文字的下面，我差不多寫下了這個世界上最長的一首歌，而且是一首無人能夠演奏，也無人有幸聆聽的歌。

這項工程消耗了我很多天的熱情，我把作業簿寫滿了，也把自己寫累了。這時候我對音樂的簡譜仍然是一無所知，雖然我已經擁有了整整一本作業簿的音樂作品，可是我朝著音樂的方向沒有跨出半步，我不知道自己胡亂寫上去的樂譜會出現什麼樣的聲音，只是覺得看上去很像是一首歌，我就心滿意足了。

我十分懷念那本早已遺失了的作業簿，懷念〈狂人日記〉這首世界上最長的歌曲，裡面混亂的簡譜記載了胡亂的節拍和隨心所欲的音符。也記載了我在文革後期的生活狀態，那是一種窒息的壓抑、無聊的自由和空洞的話語相互交往的生活。為什麼我會選擇〈狂人日記〉？我也不知道。我所知道的是，〈狂人日記〉之後，我再也找不到更適合我作曲的文學題材了。於是，我只好去對付那些數學方程式和化學反應式。接下去的日子裡，我又將數學方程式和化學反應式也譜寫成了歌曲，寫滿了另外一本作業簿。同樣是胡亂的節拍和隨心所欲的音符，如果演奏出來，我相信這將是這個世界上從未有過的聲音。地獄裡可能有過，我曾經設想過那是什麼樣的聲音？我當時的想像裡立刻出現了鬼哭狼嚎的聲音。我也有過僥倖的想法，我也許偶爾瞎貓逮住了死耗子，陰差陽錯地寫下了幾個來自天堂的美妙樂句。

現在回首往事，似乎有了我為何選擇〈狂人日記〉的答案：我當初譜曲的方法，可以說是另外一個狂人的日記。

文革結束以後，我曾經十分好奇毛澤東對魯迅的欣賞。我想，這兩個人在心靈上可能有一條祕密通道，雖然有著生死之隔，他們仍然能夠迅速地互相抵達。毛澤東和魯迅似乎都有著堅強的心靈和永不安分的性格。毛澤東讚揚魯迅的「硬骨頭精神」，其實毛澤東也是硬骨頭，他和當時比中國強大的美國和蘇聯抗衡時毫不示弱。而且這兩個人在思想深處都是徹底的和極端的，他們對儒家的中庸之道都表現出了深惡痛絕。

任何偉大的作家都需要偉大的讀者，魯迅擁有一個強大的讀者毛澤東，這可能是魯迅的幸運，也可能是魯迅的不幸。文革時期的「魯迅」，從一個作家的名字變成了一個時髦的政治詞彙之後，他深刻和妙趣橫生的作品也被教條主義的閱讀所淹沒。在那個時代裡，人人張口閉口都是「魯迅先生說」，其親熱的語氣好像當時所有的中國人都和魯迅沾親帶故似的，可是很少有人像毛澤東這樣理解魯迅。因此，文革時期的魯迅雖然名聲達到頂峰，可是真正的讀者卻寥寥無幾，「魯迅先生說」只是一個時代在起鬨而已。

文革之後，魯迅不再是一個神聖的詞彙，他回歸於一個作家，也就回歸於爭議之中。很多人繼續推崇魯迅，不少人開始貶低和攻擊魯迅。與魯迅在世時遭受的攻擊有所不同，現在的攻擊裡添加了情色的配料，一些人津津樂道於隱私中的魯迅，捕風捉影地研究起了與魯迅戀愛有關的四個女人；還有的人乾脆臆想起來：魯迅的床上功夫十分糟糕；魯迅的性心理十分變態……

隨著中國市場經濟的興起，魯迅的商業價值也被不斷地開發出來，魯迅筆下的人物和地名被紛紛用作餐飲業和旅遊業，甚至ＫＴＶ和夜總會裡都有魯迅筆下地名命名的包廂，官員和商人摟著小姐在這樣的包廂裡歌舞昇平。

還有人直接拿魯迅本人作為廣告代言人。武漢有一家專賣臭豆腐的小店，在店門口聳立起魯迅叫賣臭豆腐的看板。廣告上用的是一張魯迅抽菸的經典照片，只是將魯迅手上的香菸換成了一串臭豆腐。

這家小店的老闆驕傲地聲稱：他們是魯迅先生的同鄉，都是浙江紹興人，製作這樣的廣告是現在中國流行的做法，就是借用名人效應來招攬生意。

「魯迅」在中國的命運，從一個作家的命運到一個詞彙的命運，再從一個詞彙的命運回到一個作家的命運，其實也折射出中國的命運。中國歷史的變遷和社會的動盪，可以在「魯迅」裡一葉見秋。

我在奧斯陸大學繼續講述我和魯迅的故事。我告訴挪威的聽眾，我曾經無知地認為魯迅是一個糟糕的作家，他顯赫的名聲只是政治的產物。

一九八四年，我在中國南方一個縣城的文化館工作。當時我已經從事寫作，我辦公室外面的過廳裡有一張大桌子，桌下地上堆滿了馬克思、恩格斯、列寧、史達林、毛澤東和魯迅的著作。這些曾經是聖書的著作，時過境遷之後像廢紙一樣堆在一起，上面落滿了灰塵。魯迅的著作堆在最外面，我進出辦公室的時候，雙腳時常會碰到它們，我低頭看看在地上灰溜溜的魯迅著作，不由幸災樂禍，心想這傢伙終於過時了。有一次我經過時，不小心被地上的魯迅著作絆了一下，差點摔倒在地，我罵了一聲：

「他媽的，都過時了，還要出來捉弄人。」

文革結束的時候，我剛好高中畢業。此後的十多年裡，我閱讀了大量的文學作品，可是沒有讀過魯迅作品中的一個字。後來我自己成為了一名作家，中國的批評家認為我是魯迅精神的繼承者，我心裡十分不悅，覺得他們是在貶低我的寫作。

時光來到了一九九六年，一個機會讓我重讀了魯迅的作品。一位導演打算將魯迅的小說改編成電影，請我為他策劃一下如何改編，他會付給我一筆數目不錯的策劃費，當時我剛好缺錢，就一口答應下來。然後我發現自己的書架上沒有一冊魯迅的著作，只好去書店買來《魯迅小說集》。

當天晚上開始在燈下閱讀這些我最熟悉也是最陌生的作品。讀的第一篇小說就是我曾經譜寫成歌曲的〈狂人日記〉，可是我完全忘記了裡面的內容，小說開篇寫到那個狂人感覺整個世界失常時，用了這樣一句話：

「要不，趙家的狗為何看了我一眼。」

我嚇了一跳，心想這個魯迅有點厲害，他只用一句話就讓一個人物精神失常了。另外一些沒有才華的作家也想讓自己筆下的人物精神失常，可是這些作家費力寫下了幾萬字，他們筆下的人物仍然很正常。

〈孔乙己〉是那天晚上我讀到的第三篇小說。這篇小說在我小學到中學的語文課本裡重複出現過，可是我真正閱讀它的時候已經三十六歲了。讀完了〈孔乙己〉，我立刻給那位導演打電話，希望他不要改編魯迅的小說，我在電話裡說：

「不要糟蹋魯迅了，這是一位偉大的作家。」

第二天，我就去書店買來了文革以後出版的《魯迅全集》。為此，我十分想念那些堆積在文化館桌子下面的魯迅作品，那些在文革中出版的魯迅作品，其版本有著更加深遠的意義。我當年從文化館辦公室進出時，移動的雙腳時常被魯迅的著作絆住，我覺得可能是命運的暗示，暗示我這些布滿灰塵的書頁裡隱藏著偉大的敘述。

從書店買來《魯迅全集》後的一個多月裡，我沉浸在魯迅清晰和敏捷的敘述裡。我後來在一篇文章裡這樣寫道：「他的敘述在抵達現實時是如此的迅猛，就像子彈穿越了身體，而不是留在了身體裡。」

我想藉此機會再次談論〈孔乙己〉，這是短篇小說中的典範。這部短篇小說開篇的敘述貌似簡單卻是意味深長，魯迅上來就寫魯鎮的酒店的格局，短衣幫的顧客都是靠在櫃檯外面站著喝酒，穿長衫的顧客是在店面隔壁的房子裡，要上酒菜，坐下來慢慢地喝酒。孔乙己是唯一站著喝酒穿長衫的人。魯迅惜墨如金的開篇，一下子就讓孔乙己與眾不同的社會身分突出在了敘述之中。

在〈孔乙己〉裡尤其重要的是，魯迅省略了孔乙己最初幾次來到酒店的描述，當孔乙己的腿被打斷後，魯迅才開始寫他是如何走來的。這是一個偉大作家的責任，當孔乙己雙腿健全時，可以忽視他來到的方式，然而當他腿斷了，就不能迴避。於是，我們讀到了「忽然間聽得一個聲音，『溫一碗酒。』這聲音雖然極低，卻很耳熟。看時又全沒有人。站起來向外一望，那孔乙己便在櫃檯下對了門檻坐著。」先是聲音傳來，然後才見著人，這樣的敘述已經不同凡響，當「我溫了酒，端出去，放在門檻上」，孔乙己摸出四文大錢後，令人讚嘆的描述出現了，魯迅只用了短短一句話，「見他滿手是泥，原來他是用這手走來的。」

在我三十六歲的那個夜晚，魯迅在我這裡，終於從一個詞彙回到了一個作家。回顧小學到中學的歲月裡，我被迫閱讀魯迅作品的情景時，我感慨萬端，我覺得魯迅是不屬於孩子們的，他屬於成熟並且敏感的讀者。同時我還覺得，一個讀者與一個作家的真正相遇，有時候需要時機。

文革結束以後，我閱讀過很多其他作家的作品，有偉大的作品，也有平庸的作品，當我閱讀某一位作家的作品時，一旦感到無聊，我就會立刻放下這位作家的作品，讓我沒有機會去討厭這位作家。可是文革期間我無法放下魯迅的作品，我被迫一遍又一遍地去閱讀，因此魯迅是我這輩子唯一討厭過的作家。

我告訴挪威的聽眾：當一個作家成為了一個詞彙以後，其實是對這個作家的傷害。

我的演講結束後，奧斯陸大學歷史系的 Harald Bøckman 教授走過來說：「你小時候對魯迅的討厭，和我小時候對易卜生的討厭一模一樣。」

差距

一位昔日少年證實了這樣的經歷，有時候從膽小怕事到無所畏懼只是一步之遙。這是一九七〇年代中期的往事，我們在沉悶壓抑的生活裡來到了文化大革命的尾聲。

我要講述的是一位昔日同學的故事。他至今仍然居住在家鄉的小鎮上，失業多年，依靠年邁父親微薄的退休金生活。我記得他當時清秀的面容因為兩顆突出的虎牙有所損失，他瘦小的個子行走時總是跟隨在我們的身後。

我們當時是一夥街頭少年，熱衷於尋釁滋事，與小鎮上的同齡男孩打架鬥毆，有時候也會膽大包天地與幾個比我們高出半頭的青年大打出手。每逢激戰之時，這位同學就會以躲躲閃閃的方式在不遠處觀望，既不逃跑，也不參戰。後來他突然變得英勇無畏起來，每次鬥毆都是衝鋒在前，撤退在後。

有一次我們這夥街頭少年被一夥街頭青年揍得抱頭鼠竄，就在我們全面潰敗之時，這位同學跑回家中，又手揮菜刀衝殺出來。面對那夥士氣高昂的街頭青年，他右手的菜刀先在自己臉上劃了一刀，鮮血湧出之時，再用左手在臉上抹了一把，然後滿臉血淋淋聲嘶力竭地喊叫著衝鋒過去。

那夥街頭青年正在乘勝追擊，看到這個滿臉鮮血的傢伙，一副赴湯蹈火準備英勇犧牲的模樣衝殺過來，右手還揮動著一把明晃晃的菜刀。中國有句俗語：軟的怕硬的，硬的怕橫的，橫的怕不要命的。街頭青年們拔腿就逃，我的這位同學一路追擊一路喊叫：

「老子要拚個你死我活！」

剛才還在抱頭鼠竄的我們，立刻狐假虎威，也喊叫著「老子要拚個你死我活」追趕上去。我們在小鎮的街道上大汗淋漓地追擊那夥街頭青年，為了調整奔跑時的呼吸，為了適應追擊的速度，我們的口號自然而然地簡化成了：

「你死我活！」

那個下午我們名揚整個小鎮，從此獲得「你死我活幫」的著名稱號，其他的街頭少年看到我們時都會笑臉相迎，就是街頭青年們也會謙讓三分。這位同學得到了我們由衷的尊敬，從此以後他不再尾隨於我們的身後，我們也習慣於他走在前面。

我的同學為何會在一夜之間判若兩人？其實就是一個簡單的原因，一個在今天看來簡直難以置信的原因。

這位同學的父母有一天和鄰居爭吵，大概是懷疑鄰居偷了他們家幾個煤球這樣的雞毛蒜皮小事。隨著爭吵的不斷激烈，兩戶人家動手打了起來。我的同學這次加入進去了，選擇了最弱的一個對手，他伸出右拳，對準鄰居家漂亮女兒豐滿的胸脯打去。就是這一拳，讓我的同學脫胎換骨。他後來手心朝下伸開右手，在我們無限羨慕的眼光裡，講述他的四根幸福的手指，如何與漂亮姑娘的豐滿胸脯隔著衣服親密接觸。他說除了大拇指以外，這四根手指都感受到了令人銷魂的軟綿綿。

這個瞬間的美妙感受，讓我的同學小小年紀就感到自己的人生已經完成。後來他經常心滿意足地說：

「我碰過女人的奶子了，我可以死了。」

正是感到自己可以死而無憾，讓這個原本膽怯的人突然變成一個勇敢的人。這就是我們這一代的少年時期，一次對女性成熟乳房的瞬間觸及，可以改變一個人。因為我們成長在一個極端的年代，打架鬥毆時我們膽大妄為，渴望女性真實的肉體時我們戰戰兢兢。

曾經有一個同學，至今不知道是誰，用粉筆悄悄在我們中學教室的黑板上寫下「愛情」一詞，這是一個我們心領神會可是從未使用過的詞彙。當時我們高一年級有四個班，它歪歪扭扭出現在（一）班的黑板上，其他三個班的同學暗藏朝聖似的心態，面帶批判者的表情，叫嚷「抓流氓」的口號，紛紛過去駐足觀看。這是我第一次看到這個詞彙的組合，它在我們的漢語裡已經消失很久了，我看到它的時候不由熱血沸騰。

這兩個難看的粉筆字在高一（一）班教室的黑板上，作為罪證存在了十來天，因為學校革命委員會要查找寫下這個詞彙的流氓犯。先是將我們年級所有男生的作文簿收繳上去核對字跡，沒有發現疑犯；再將年級所有女生的作文簿收繳上去，還是沒有發現疑犯；然後搜查範圍擴大到高二年級，仍然沒有發現疑犯。最後只好不了了之，由學校革命委員會主任親自擦去黑板上的「愛情」。

我心裡十分失落，我已經習慣每天經過（一）班教室時張望一眼黑板上的「愛情」，讓我對愛情的渴望獲得了畫餅充飢似的滿足。「愛情」從黑板上消失後，畫餅充飢也沒有了。

我們想，在黑板上寫下這個詞彙的匿名同學，肯定知道自己正在犯下流氓罪，故意將這個詞彙寫得歪歪扭扭，從而可以逍遙法外。當時流行著這樣一句電影台詞：「狐狸再狡猾，也鬥不過老獵人。」這個「愛情」事件之後，同學之間開始流傳這句台詞的反義：「再老的獵人，也鬥不過狡猾的小狐狸。」

現在，我的兒子已經是高中生了。這個今日少年告訴我這個昔日少年，說他們初中的時候上生理課，老師要求女生都坐到男生的腿上，在男女學生身體的緊密接觸裡，老師開始講解男性和女性的生理區別，講到了性交，講到了懷孕等等。老師講完之後，問學生們有沒有問題？有學生舉手提問：

「老師，有實驗課嗎？」

請允許我繼續講述中學生的故事。三十多年前，當時中學裡的男生和女生之間是不說話的，雖然非常想說話，可是不敢說，就是愛慕對方，也只能偷偷地用眼睛看看而已。也有膽大的男生悄悄給女生寫紙條，而且還不敢寫上明確示愛的句子，都是一些指鹿為馬的句子，比如要送給對方一塊橡皮一枝鉛筆之類的句子，來傳達愛的信息。接到紙條的女生立刻明白那小子想幹什麼，女生普遍的反應是緊張和害怕，假如紙條一旦曝光，女生就會深感羞愧，好像是她自己做錯了什麼。

三十多年以後的今天，中學生談情說愛早已在心理上合法化，在輿論上公開化。我在網絡上看到過兩段視頻，一段是在課間休息的教室裡，一個男中學生坐在課桌上，俯身摟抱著坐在椅子裡的女中學生，同學們就在他們身邊聊天走動，他們旁若無人地說話親吻。另一段是在學校的走廊上，一個手捧鮮花的男中學生跪地向一個女中學生求愛，女中學生拒絕後躲進了廁所，這個男中學生猶豫片刻後，手捧鮮花追進了女廁所。現在，女中學生的早孕現象，因為愈來愈普遍已經不再是一個社會話題。而令人驚訝的是，竟然有女中學生穿著校服去醫院做人流手術。媒體上曾經有過這樣一條報導，一個女中學生穿著校服去醫院做人流手術時，有四個穿著同樣校服的男中學生簇擁著，當醫生說手術前需要家屬簽字時，四個男中學生爭先恐後地搶著要簽名。

是什麼原因讓我們從一個極端走向了另一個極端？這個問題的後面可能有無數答案在湧動，我感到瀑布一樣傾瀉下來的回答仍然難以說清。不過有一點應該是清晰的：一個極端壓抑的時代在社會劇變之後，必然反彈出一個極端放縱的時代。就像是盪鞦韆一樣，這端高了，盪到另一端必然也很高。

中國經濟的高速增長，似乎瞬間改變了一切。就像跳遠一樣，讓我們從一個物質匱乏的時代跳進了一個鋪張浪費的時代，從一個政治至上的時代跳進了一個金錢第一的時代，從一個本能壓抑的時代跳進了一個浮躁縱欲的時代……三十年的光陰彷彿只是縱身一躍之間。

看看今天的中國，城市的高樓在灰濛濛的天空下，像森林一樣一片片拔地而起；高速公路縱橫交錯比河流還多；商場和超市裡的貨物琳琅滿目；街道上車水馬龍人流不息；廣告和霓虹燈熠熠生輝；夜總會和按摩中心接二連三；美容院和足浴店鱗次櫛比……還有巨型的豪華餐廳比比皆是，有的多達三、四層，每層都像是禮堂一樣寬闊，四周是分隔出來的豪華包間，兩三千個油光滿面的人同時大吃大喝。

然而就在三十年前，就在我們縱身一躍之前，我們看不見高樓，偶爾有幾幢高樓也都是在北京上海這樣的大城市裡；我們不知道什麼叫高速公路什麼叫廣告；我們的商店稀少，商店裡的貨物也稀少。我們好像什麼都沒有，可是我們那時候的天空是湛藍的。

我們生活在定量供應制裡，每人每月只有二十七斤糧票，這是指男性，女性只有二十五斤糧票，以及半斤肉票和二兩油票。在那個時代，購買糧食時付了錢還要付糧票，購買豬肉和菜油也是同時需要支付錢、支付肉票和油票，缺一不可。還有布票，我們要用錢和布票去布店購買布料，然後到裁縫那裡去量身定做衣服；更多的人為了省錢，自己動手縫製衣服。當時沒有服裝廠，商店裡也沒有成衣出售。在那個時代，家中擁有一台縫紉機，會令街坊鄰居羨慕不已。

我們需要精打細算，每天吃九兩米飯，每週吃幾片豬肉，每次炒菜用十滴菜油，才能做到一個月的生活不會出現透支。我們這一代是從既吃不飽也餓不死的生活裡成長起來，當我們這一代人回憶起童年時期什麼最美好，我們的記憶竟然驚人的相似，都是過去曾經吃到過什麼好吃的。除了吃，我們幾乎沒有其他的美好記憶。

當時，城鎮居民儘管省吃儉用，也很難有所結餘。對於男性，每月只有二十七斤糧食往往不能吃飽；而女性的二十五斤糧食會略有富餘，她們省下自己的糧票供給丈夫或者兄弟。油票和肉票的供應也是同樣入不敷出。於是人們經常在暗地裡偷偷花錢購買糧票和油票，以此維持生計。

在我的家鄉，農民手中會有一些富餘的油票，他們將田裡油菜籽收集起來後上交給國營的榨油廠，國家會補貼他們一些油票。這些數量微薄的油票，是當時農民很重要的額外收入。貧窮的農民為了籌錢治病，或者為了籌辦婚禮等，會來到城裡悄悄出賣他們手中的油票。在那個公有制的時代裡，這樣的行為就是投機倒把。我記得自己上高一的時候，曾經和十來個同學興致勃勃地加入到打擊投機倒把的行列之中，用現在的話說是志願者，現在的志願者還會有工作餐，我們當時的工作餐就是張嘴吸著冬天裡的寒風。我們每天都是凌晨四點起床，埋伏在小鎮的集市裡，分別藏身在街角和電線杆的後面，像是獵狗在等待獵物的出現。一旦發現有人在偷偷出賣油票，立刻撲上去，將那個投機倒把分子擒獲，收繳他的油票後，得意洋洋地將他押解到打擊投機倒把辦公室。

我們恃強凌弱，以此為樂，還覺得自己每天都在伸張正義。雖然戰果累累，可是抓獲的投機倒把分子大多是上了年紀的農民，繳獲的油票也都在一斤以下。而且這些農民不敢抵抗，他們做賊心虛似的，覺得自己是在做壞事，他們唯一的反應就是眼淚汪汪地看著自己的油票被沒收。

輝煌的戰例只有一次，我們抓獲了一個身強力壯的年輕農民。這個人個子比我們高出一頭，身體像我們兩個人加起來一樣寬。我們撲上去的時候，他奮力反擊。他右手捏緊拳頭，當然他不敢揮拳打我們，他知道一旦打了我們就是罪上加罪，他只是用左手將我們推開後奪路而逃。這是我們遇到的最為激烈的一次反抗，差點讓他逃脫。多虧我們人多勢眾，從四面八方包圍過來，有幾個同學手中還舉著磚塊，將他砸得滿臉是血，把他摁倒在地。這時他右手仍然緊握拳頭，左手還在努力推開我們。我們知道他的右手裡會有油票，我們怎麼使勁，也無法掰開他的手指。兩個同學將他的右臂死死摁在地上，一個同學用磚塊擊打他的右拳，把他的右拳打得鮮血淋淋，把他隆起的拳頭打成伸平的手掌之後，我們看到幾張沾上血跡的油票，數了一下剛好是一斤。我們把他押送到打擊投機倒把辦公室後，又從他身上搜出了另外的十一斤油票。

整整十二斤油票，這是繳獲油票最多的一次，用今天中國流行的話來說，是屬於大案要案。在審問的時候，他一邊用沒有受傷的左手擦著臉上的血跡，一邊交代自己的投機倒把罪行。他是為了籌措自己婚禮的錢，向親朋好友借了九斤油票，另外三斤油票是他們一家人省下來的，他的父母和兄弟姊妹已經半年沒有吃過一滴菜油了，每次吃飯時只是將蔬菜在鹽水裡煮一下。

三十多年前的那個凌晨，在我此刻的回憶裡觸目驚心。我們這些中學生笑聲朗朗地喜慶輝煌戰果，而這個傷痕累累的年輕農民卻在苦澀地講述自己的簡單經歷。由於他是初犯，對他的處罰只是沒收這十二斤油票，再讓他寫下一份保證書，保證以後堅決不做投機倒把的壞事。他受傷的右手在寫下保證書的時候顫顫巍巍，不知道是因為手指的疼痛，還是因為失去了十二斤油票的悲哀？右手的血流在書寫的白紙上，保證書成為了一份血書。

他被釋放後，我們這些意猶未盡的高中生走在他身旁，在小鎮清晨的街道上不斷訓斥他。我們是為了炫耀自己而訓斥他，我們重複說著他被繳獲的十二斤油票，過路的人聽到這個數目後，個個驚得目瞪口呆。他在我們響亮的叫嚷聲裡一聲不吭地向前走去，我們看到他淚流滿面，旁若無人的淚流滿面。他不時地抬起右手去擦一下眼角的淚水，手的疼痛又不時地提醒他去看一眼自己的右手。我們一直走出小鎮，才站住腳，嬉笑地喊叫著訓斥他的話，看著他沿著鄉村的小路漸漸走遠。他在初升的太陽下走去，受傷的右手端到了胸口，帶著內心的迷惘，還有滿臉的血跡和滿臉的淚水，走在漫長的回家路上。

三十多年後的今天，我心酸和充滿負罪感地寫下這些。我不知道這位善良的年輕農民後來是否如期結婚？不知道他後來如何艱難地償還借來的九斤油票？我清晰地記得，當時我們用磚塊擊打他的頭部時，他克制了自己的憤怒，沒有使用拳頭還擊，仍然只是用手掌推開我們。

中國社會的劇變之後，過去的投機倒把分子變成了現在的小商小販。城市裡的失業者和農村失去土地的農民，為了生存下去，這是人的最基本的願望，在城市裡到處擺攤或者沿街叫賣。就是在北京，這樣的小商小販已經數以萬計。這些無證無照的小商小販因為流動性強，地方政府無法向他們徵收費用。同時在地方官員的眼中，這些攤販的四處出現，破壞了城市形象，也破壞了「和諧社會」。一個名叫「城市綜合管理執法局」的機構應運而生，威風凜凜的城管隊員開始四處活動。我已經習慣這樣的情景，走在北京的街道上和天橋上，一群一夥的攤販蹲在地上叫賣他們廉價的物品，只要有人喊叫一聲「城管來啦」，這些攤販迅速捲起地上的物品蜂擁而逃。

就像三十多年前我們這些中學生沒收農民的油票那樣，現在的城管隊員對付小商小販的手段沒有進化，也是沒收他們叫賣的物品。當然現在城管隊員的成果是我們那時候望塵莫及的，現在城管沒收的很多物品是我們那時候從未見過的。幾年前，我居住在北京一個地鐵出口附近的時候，經常看到很多無照經營的三輪車夫，他們蹬著三輪車接送客人。同時也經常看到這樣的情景，城管的卡車上堆滿了沒收的三輪車凱旋而歸。我見到過幾個傷心的三輪車夫，他們都是動用家裡所有的錢或者向親友們借了錢才購買了三輪車，賣力蹬車來養家餬口，還要供孩子上學。在炎熱的夏天裡他們揮汗如雨，在冬天的寒風裡也是渾身汗水。當他們賴以生存的三輪車被城管沒收以後，他們生活的前景也被沒收了。

這些年來，隨著攤販維持生計的三輪車、板車和物品經常被城管沒收，小商小販和城管隊員之間的對抗愈來愈激烈，時常出現武力行為，可是並沒有引起社會的廣泛關注。直到一個名叫崔英傑的攤販用刀刺死一名執法的城管隊員，攤販和城管之間的矛盾終於引發了全國的震動。媒體上連篇累牘地討論之後，很多人開始意識到，簡單粗暴地沒收小商小販的板車和物品，其實就是變相剝奪他們的生存權利。

崔英傑，這個今天中國社會弱勢群體的代表，在法庭上為自己的一時衝動表達了懺悔之意，他說：「首先我對受害人及家屬表示懺悔，我知道現在再說什麼也沒有用了。本來我想靠自己的雙手，擺攤來改變我的生活。」

一位城管被刺身亡後，城管隊員的保護裝備開始升級，配備起了PDA終端、防刺背心、頭盔、防割手套、強光手電筒等。同時還請來了武警教官，教授城管隊員如何徒手奪刀，對城管隊員進行了包括如何解脫被抓衣領、抓頭髮、鎖喉、抱腰的實際動作的培訓。

為什麼過去的「投機倒把分子」和今天的小商小販在面對沒收其財物時，發出的生存反應會有如此之大的差距？我想，不同的時代和不同的社會形態，會引發不同的生存反應。

如果從社會形態的角度來看，文革是一個單純的時代，今天則是一個紛亂複雜的時代。毛澤東說過的一句話可以代表文革時代的基本特徵，他說：「凡是敵人反對的，我們就要擁護；凡是敵人擁護的，我們就要反對。」文革就是這樣一個黑白分明的時代，敵人永遠是錯誤的，我們永遠是正確的。沒有人膽敢試探地說：敵人也可能會有正確時候，我們也可能會有錯誤時候。毛澤東之後，鄧小平說過的一句話又可以代表今天時代的基本特徵，他說：「不管黑貓白貓，抓到老鼠就是好貓。」鄧小平這句話顛覆了毛澤東的社會價值觀，似乎指出了一個中國社會存在已久的事實：錯誤的和正確的常常存在於同一事物之中，而且也常常存在於相互變化之中。這句話同時也終止了中國經濟發展中有關社會主義和資本主義的爭論。

於是中國從毛澤東政治掛帥的單色時代來到了鄧小平經濟至上的雜色時代。文革時期我們經常說：「寧要社會主義的草，也不要資本主義的苗。」今天的中國，我們已經分不清什麼是屬於資本主義的，什麼是屬於社會主義的；或者說在今天的中國，草和苗已經成為了同一種植物。

有時候，一個詞彙的含義從單純走向複雜，也會折射出社會的變遷。「差距」就是這樣的一個詞彙。

三十多年前的中國，對於城鎮居民來說，沒有明顯的社會差距，可是我們每天都在講差距，用一種空洞的方式講述著空洞的差距。每個人都在尋找自己思想上的差距，這樣的差距是與雷鋒這些先進人物相對照。「學先進，找差距。」是當時的流行語，我們每天像小和尚唸經一樣，有口無心地說著「差距」一詞，陳詞濫調如同車輪一樣轉了一圈又一圈。從我們小學到高中的作文裡，幾乎所有的同學都在一遍一遍重複寫道，如何在雷鋒精神指引下縮小思想差距，幫助鄰居老太太到井裡去提水上來。高二的時候，我們的一位語文老師實在忍不住了，手指敲打著堆在講台上的作文簿，開導我們：

「你們已經為鄰居老太太提了十年井水了，為什麼不換一個例子？替鄰居老大爺上街買米。」

三十多年後，我們仍然喋喋不休地說著差距，當然已經不再是空洞的思想差距，而是實實在在的社會差距了。貧富差距、城鄉差距、區域差距、發展差距、收入差距、分配差距等等。巨大的社會差距必然帶來過激的群體性事件和個體行為。當年我們用磚塊擊打那個年輕農民時，他始終沒有用拳頭反擊；而今天一個城管隊員沒有任何暴力行為，他僅僅是忠於職守，按照規章沒收攤販的三輪板車和物品，卻被攤販用刀刺死。這是為什麼？我想，原因就在這裡。當「差距」一詞從狹義走向廣義，從空洞變成真實之後，也表達了今日中國社會問題的廣泛和社會矛盾的激化。

毛澤東時代的社會主義進程，雖然發展緩慢，經濟效益低下，可是社會差距確實是在不斷縮小。毛澤東始終沒有解決的是城鄉之間的差距。鄧小平倡導的改革開放三十多年以後，中國經濟總量迅速擴張，國內生產總值從一九七八年的三千六百四十五億元增長至二〇〇九年的三十三萬五千三百五十三億元，增長了近一百倍。然而城鄉之間的差距不但沒有被縮小，反而拉得更大。根據中國官方公布的數據，二〇〇七年城鄉居民收入差距之比擴大到了三．三三比一，絕對差距達到九千六百四十六元人民幣，這是改革開放以來城鄉居民收入差距最大的一年。官方沒有公布二〇〇九年城鄉居民收入差距之比的數據，只是含糊其辭地表示中國城鄉居民收入差距之比在繼續擴大。

二〇〇六年五月一日，我的朋友崔永元，他是CCTV的著名主持人，帶領攝製組和二十六名來自不同行業的人，重走了當年中國共產黨紅軍的長征路線。歷時二百五十天，行程六千一百多公里。他們經歷了春夏秋冬和風霜雪雨，翻雪山，過草地，終於在二〇〇七年一月七日光榮回到北京。

崔永元帶著很多歡樂的故事，也帶著很多辛酸的故事回到家中。後來有一天，我們坐在了一起，他向我講述了一些故事。

我在此複述其中的一個故事。在二〇〇六年德國世界盃足球比賽期間，崔永元的微型長征隊伍走到了中國西南的某一個貧困地區，他突發妙想，準備和當地的小學生進行一場足球比賽。雖然無法複製柏林的狂熱，也試圖在窮鄉僻壤營造出一些世界盃的歡樂氣氛。

可是崔永元馬上面臨了兩個難題。第一個難題是當地縣城的商店裡沒有足球，他就讓兩個「長征」戰友開車去州政府所在的城市買了足球回來。然後是第二個難題，當地的小學生不僅從來沒有看過足球比賽，而且從來沒有聽說過這個世界上有一種運動叫足球。

崔永元找了一塊很大的草地，當地這樣的草地很多，再讓「長征」攝製組裡的美工做了一個足球門框，立在草地上。一千多名當地的小學生圍坐在草地四周，崔永元開始了足球的啟蒙教育。

他的教育從如何罰點球開始，他將嶄新的足球放在離木框球門十二碼遠的地方，隆重推出了他們的攝影師，這是「長征」隊伍裡腳法最好的一位。

這位攝影師習慣了沒有裁判和沒有觀眾的踢球，第一次有一千多雙眼睛注視著自己，心裡自然緊張起來，雖然助跑時仍然有些貌似專業的派頭，可是將點球高高踢起的瞬間，也就盡顯業餘本色了。足球像高射砲打出的砲彈似的越過了球門，在空中劃出了彩虹一樣的弧線，落地後快速滾動，最後滾進了一堆牛糞。

攝影師慚愧地低著頭，小跑過去，從牛糞裡撿起足球，到附近的水池裡將足球上的牛糞清洗乾淨，再將足球放回到點球的位置上。

接下去，崔永元讓小學生們排著隊練習罰點球了。然後令人難忘的情景出現了，每一個小學生踢出足球後，都跟著足球奔跑過去，等足球停止了滾動，就抱起足球到水池裡去清洗一下，再將足球放在點球位置上。他們以為清洗足球是足球比賽的規則。

這個真實的故事發生在二〇〇六年的夏天，這個夏天在中國有超過一億人透過電視觀看德國世界盃。在二〇〇二年韓日世界盃上，中國和巴西的小組比賽，電視轉播吸引了兩億中國人的眼球。中國早在一九七八年，開始電視轉播世界盃足球比賽；也是這一年，中國的足球聯賽正式開始。

今天中國很多地方的孩子早已熟悉了耐克（Nike）和阿迪達斯（Adidas）這樣的體育品牌，可是在西南貧困地區的孩子竟然還沒有聽說過足球。一位北京的中學老師告訴我，現在的學生因為每天都穿校服，他們無法在衣服上比較，就在鞋上做文章，相互攀比起了腳上的鞋。比如都是耐克籃球鞋了，還要攀比誰穿的是喬丹第幾代鞋，誰穿的是科比（Kobe）第幾代鞋。

中國是一個地域遼闊、人口眾多、經濟發展很不平衡的國家，在上個世紀八〇年代的中期，東部沿海地區城市裡的人普遍在喝可口可樂了；可是到了九〇年代中期，中部山區外出打工的人，在回家過年時，給鄉親帶去的禮物是可口可樂，因為他們的鄉親還沒有見過可口可樂。同樣的中國人，同樣的可口可樂，富裕地區和貧窮地區竟然有著十年的時間差距。

二〇〇八年北京奧運會期間，很多生活拮据的人嚮往作為今日中國象徵的鳥巢和水立方，他們乘坐火車和長途客車，從外地趕到北京，帶著旅途的疲倦和心裡的興奮，一路打聽著來到了鳥巢和水立方，希望能夠進去看上一眼，可是鳥巢和水立方的門票太緊張了，票販子手上的二手門票又太貴。可能是出於安全方面的考慮，沒有門票的人不能走進鳥巢和水立方所在的奧林匹克公園，要有遊覽票才能進入。我的這些長途跋涉的同胞來到了鳥巢和水立方近前，可是連遊覽票也沒有，只好站在很遠的地方與鳥巢和水立方合影留念。儘管如此，他們仍然滿臉幸福。與此同時，正在進行比賽的鳥巢和水立方的場館裡卻空出了很多座位，而且空出來的都是位置很好的座位。

我的另外一些同胞，一些達官貴人擁有最好座位的門票，他們習慣了揮霍浪費的生活，他們也以這樣的態度對待鳥巢和水立方的比賽門票。他們甚至不會去想一下，這些放在口袋裡浪費的門票，對於其他的中國人是多麼珍貴。他們也不會去關心一下，如此眾多的平民百姓節衣縮食來到北京，卻連進入奧林匹克公園的遊覽票都沒有。

今天的中國，可以說是一個巨大差距的中國。我們彷彿行走在這樣的現實裡，一邊是燈紅酒綠，一邊是斷壁殘垣。或者說我們置身在一個奇怪的劇院裡，同一個舞台上，半邊正在演出喜劇，半邊正在演出悲劇。

當LV大廈，Gucci大廈等著名品牌的大樓紛紛聳立在中國城市的繁華街區，當上海奢侈品展、廣州奢侈品展、深圳奢侈品展等奢侈品展覽會接踵而至，而且大獲成功，以深圳奢侈品展為例，幾天時間三大種類品牌的奢侈品銷售額超過兩億人民幣。於是人們突然意識到，中國在眨眼之間已經從一個奢侈品加工基地，變成一個奢侈品消費基地。金融危機讓奢侈品在傳統的歐美市場遭遇寒潮，可是在中國市場仍然表現火爆。

二〇〇九年三月，美國ＩＣＳＣ發布報告稱，二月份美國奢侈品零售商同店銷售額下降了百分之十九．二，比整個零售業降幅高百分之十九．一。自二〇〇八年六月以來，美國的奢侈品銷售就一直是零售業績表現最差的板塊。而不久前來自高盛的一份報告稱，二〇〇八年中國奢侈品消費額的年增長率在百分之二十左右。到二〇一五年，其年增長率將約為百分之十，屆時，中國的奢侈品消費總額有望超過一百一十五億美元，成為世界第一奢侈品消費國，約占全球消費總額的百分之二十九。中國品牌戰略協會的研究報告更為驚人，目前中國有能力購買國際名牌的消費人群達到總人口的百分之十三，二〇一〇年將達到二．五億人。

與此同時，貧窮和飢餓也在中國四處瀰漫，令人傷心的故事不絕於耳。

一對失業已久的夫婦帶著他們年幼的兒子，在回家的路上經過一個水果攤，兒子在眾多品種的水果裡看到了價格便宜的香蕉，請求父母為他買一根香蕉，只要一根就行。可是貧窮的父母掏出身上所有的錢，仍然不夠買一根香蕉，只好把孩子從水果攤前強行拉走。孩子放聲大哭，他已經很久沒有吃到過香蕉，他差不多忘記了香蕉是什麼滋味。他在傷心的哭聲裡被父母拉回家中，繼續自己的哭泣。孩子持續不斷的哭聲讓父親惱怒了，父親動手揍了他。可是孩子仍然堅強地哭泣著，母親跑過來推開父親，父母因此爭吵起來。父母之間逐漸激烈的爭吵和孩子喊叫著「香蕉」的哭聲，讓這位父親突然感到了悲哀。悲哀的情緒又迅速演化成了仇恨。這位父親仇恨起了自己，他恨自己的無能，恨自己沒有工作沒有收入，連兒子想吃一根香蕉的願望都不能滿足。這種仇恨的情緒讓他走到了陽台上，沒有回頭就縱身一躍，跳下了十多層的高樓。他的妻子驚叫著奪門而出，跑下十多層的樓梯，看到丈夫躺在水泥地的血泊裡。她跪在地上努力抱起丈夫，哭叫著他的名字，他沒有任何反應。過了一會兒，她意識到丈夫的生命已經結束，她突然變得平靜了，不再哭叫，放下丈夫的身體後，起身走回樓裡，表情木然地走進電梯。回到家中時，年幼的兒子不知道發生了什麼，仍然在為一根香蕉哭泣。這位母親就在兒子哭泣的眼睛注視下，找出來一根繩子，將一把凳子搬到屋子中央，站上去以後，從容不迫地把繩子繫在頂燈的鐵勾上，她將繩圈套進自己的脖子後，看到哭泣的兒子坐在椅子裡迷惑地看著自己，她將頭從繩圈裡伸出來，跳下凳子，走到兒子跟前，將兒子和他坐著的椅子掉換了一個方向，讓兒子背對自己。然後她走回來，站到凳子上，重新將繩圈套住自己的脖子，傷心地看著兒子哭泣的背影，踢掉凳子，上吊自盡了。父母雙亡以後，孩子仍然哭泣不止。孩子的哭泣不再是為了一根香蕉。

我再說一個故事。也是一對失業的夫婦和孩子的故事，這裡的孩子是一個小學生。一個女孩，她生病發燒了，額頭很燙，請求父母帶她去醫院看病。父母說家裡沒有錢，而且兩個人都要出門去找工作，也沒有時間帶她去醫院。女孩很懂事，就請求父母去向鄰居借二十元給她，她可以自己去醫院。父親讓母親去借錢，母親讓父親去借錢，兩個人都不願意去，就在家裡爭吵起來。這對貧窮的夫婦已經多次向鄰居借錢，而且一直無力償還，所以誰也不願意再去借錢。女孩看到父母的爭吵，就勸阻他們別吵了，說自己不去醫院看病了。父母停止了爭吵，女孩說自己發燒頭暈，不想去上學，想進屋去睡覺。父母同意她這個要求，她走進了自己的屋子。父親出門去找工作了，母親收拾一下廚房，準備出門時想去看看女兒睡著了沒有，當她輕輕推開房門時，看到女兒用紅領巾上吊了。這個女孩平時十分愛惜自己的紅領巾，每天晚上睡覺前都要將紅領巾用手撫平後認真疊好，早晨站在鏡子前再仔細將紅領巾繫在脖子上，她覺得紅領巾是自己所能擁有的最美麗的飾物。

我還有很多類似的故事可以在此述說。不是我想在此源源不斷地述說不幸，是我們的現實每天都在向我述說不幸。當然，我們的現實也在每天向我講述著種種榮耀。

今天，中國擁有可投資資產達到一千萬人民幣以上的高淨值人群已經是數十萬人。根據二〇〇九胡潤財富報告，中國千萬富豪人數已達到八十二萬五千人。八十二萬五千這個數字還包括五萬一千位億萬富豪。胡潤報告稱，中國富豪年平均消費二百萬元人民幣。

與此形成巨大差距的是，二〇〇六年的時候，如果以每年收入只有六百元人民幣計算，中國的貧窮人口有三千萬；如果將年收入增加到八百元人民幣，那麼中國的貧窮人口達到一個億。到了二〇〇九年，中國的貧窮人口會有多少？我無法獲得這個的數據。

二〇〇九年二月，我在溫哥華UBC演講，說到中國在二〇〇六年的時候年收入只有八百人民幣的貧窮人口高達一個億的時候，一位中國留學生站起來說：「金錢不是衡量幸福的唯一標準。」

這位中國留學生的話讓我不寒而慄。因為這不是一個人的聲音，而是今日中國一群人的聲音。他們沉浸在中國日益繁華的景象裡，卻不去關心還有超過一億的人生活在難以想像的貧困之中。我想，我們真正的悲劇也許就在這裡：無視貧窮飢餓的存在，比貧窮飢餓還要可怕。

我告訴這位中國留學生：「我們討論的不是幸福的標準，而是一個普遍性的社會問題。如果你是一個年收入只有八百元人民幣的人，你說這樣的話會令人尊敬。可是，你不是這個人。」

中國這三十多年創造了舉世矚目的經濟奇蹟，三十多年的年均經濟增長百分之九，二〇〇九年的時候，已經成為世界第二大經濟國。二〇一〇年中國的財政收入可望達到八萬億元，有關部門驕傲地聲稱中國將成為世界第二富國，僅次於美國。可是在這個光榮的數據後面，卻是一個讓人不安的數據，人均年收入仍然在世界的一百位。這兩項應該是接近或者平衡的經濟指標，在今天的中國竟然差距如此巨大。這組數據說明了我們今天生活在一個失去了平衡的社會裡，或者用民間的話語來說我們生活在國富民窮裡。

社會生活的不平衡必然會帶來夢想的不平衡，差不多十年前CCTV在六一兒童節期間，採訪了中國各地的孩子，問他們六一的時候最想得到的禮物是什麼？一個北京的男孩要一架真正的波音飛機；一個西北的女孩卻是羞怯地說，她想要一雙白球鞋。

兩個同齡的中國孩子，就是夢想都有著如此巨大的差距。對這個西北女孩來說，她想得到一雙普通的白球鞋，也許和那個北京男孩想得到的波音飛機一樣遙遠。

這就是今天的中國，我們不僅生活在現實和歷史的巨大差距裡，也生活在夢想的巨大差距裡。而溫哥華UBC那位中國留學生的話，讓我感到，我們還生活在社會認知的巨大差距裡。

最後，我要簡短地講述一個真實的故事，來結束這篇文章。這是發生在中國南方某個城市裡的故事，在林立的現代化高樓和商場裡人頭攢動的欣欣向榮的景象裡，一個六年級的小學生被綁架了。

兩個窮途潦倒的綁架者，身無分文又毫無綁架經驗。他們尋找工作四處碰壁以後，決定鋌而走險，既沒有周密計畫，也沒有充分準備，在光天化日之下即興綁架了這個放學回家的小學生。他們捂住小學生的嘴巴，將掙扎的小學生拖進了一處正在拆除的廠房裡。他們就在這個廢棄的廠區安營紮寨，從小學生那裡要了他母親的手機號碼，走到附近街邊的公用電話亭給小學生的母親打了電話，讓她拿錢來贖人。他們都不知道應該去一個更遠的地方打這個索要贖金的電話，警方根據小學生母親手機上留下的號碼，鎖定了綁架者所在的區域，所以他們很快就被捉拿歸案。

兩個綁架者在索要贖金的時候，沒錢去買盒飯，其中一個出去借了二十元人民幣回來，買了兩個盒飯，一個盒飯給小學生吃，另一個盒飯兩個綁架者分著吃。獲救的小學生後來對警察說：

「他們太窮了，放了他們吧。」

革命

西方有一些知識分子墨守成規，他們認為只有在政治體制充分民主的社會裡，經濟才能高速發展。於是他們十分奇怪，在一個政治體制不夠透明的國家裡，經濟發展的速度為何如此驚人？我想，他們可能忽略了重要的一點：這個經濟奇蹟的背後有一雙強勁的手在推動，這雙手的名字就叫革命。

一九四九年，共產黨在中國建立政權以後，仍然奉行將革命進行到底的信念。當然，革命不再是武裝鬥爭，革命開始以一場又一場接踵而至的政治運動表演出來，並且分別在大躍進時期和文化大革命時期登峰造極。此後，中國以改革開放的姿態出現在世界面前，革命似乎消失了。其實在三十多年所發生的經濟奇蹟裡，革命並沒有消失，只是脫胎換骨以另一種形式出現。或者說，我們的經濟奇蹟裡，既有大躍進式的革命運動，也有文革式的革命暴力。

我先談談中國經濟發展中的大躍進式的革命運動。我在這裡列舉一組中國鋼鐵產量高速增長的數據。一九七八年，也就是改革開放第一年，中國的鋼鐵年產量剛剛超過三千萬噸。兩年後的一九八〇年，鋼鐵產量達到三千七百一十二萬噸，位居世界第五位。一九九六年產量躍居世界首位，之後已經連續十四年保持世界第一。二〇〇八年的時候，鋼鐵產量超過五億噸，占世界總產量的百分之三十二，比鋼鐵產量第二位到第八位國家加起來的總量還要高。二〇〇九年達到六億噸，超過政府制定的四・六億噸的目標百分之三十。

這組數據在其正面反應了中國經濟的高速增長，可是在其後面，卻隱藏著令人難以想像的故事。雖然到二〇〇八年，中國的鋼鐵產能已經達到六・六億噸，消費四・六億噸，產能過剩二億噸。這個數據仍然無法掩飾過去三十年中國鋼鐵業的一個事實，就是鋼鐵產量的增長速度明顯超過了生產規模擴大的速度。於是，大躍進時期大煉鋼鐵的瘋狂故事再次在中國的大地上演出了。

一九五八年大躍進時期，全民大煉鋼鐵，在超過英國趕上美國的口號裡，土製小高爐遍布中國城鎮的院落和農村廣闊的田野，中國的大地熊熊燃燒，中國的天空濃煙滾滾。農民們丟下了農活，到處去找礦石，去煉鋼鐵，大量成熟的莊稼爛在田地沒有人去收割。城鎮的職工也放下了自己的本職工作，藥廠的工人去煉鋼，絲廠的工人去煉鋼，商店的售貨員去煉鋼，學校的老師學生去煉鋼，醫院裡的醫生護士去煉鋼……在那樣一個時代裡，誰都害怕被認為是「大躍進消極分子」，人人以煉鋼為榮。找不到礦石，煉不出鋼鐵，鄉下人就砸自己家裡的鐵鍋，城裡人就拆卸單位裡和家裡的鋼窗和暖氣管，扔進土高爐裡，煉出了三百多萬噸沒用的廢鋼鐵。這一年中國鋼鐵的總產量是一千零七十萬噸，比一九五七年的五百三十五萬噸翻了一番，可是沒用的廢鋼鐵占有其總量的三分之一。即便如此，人們仍然熱火朝天地大煉鋼鐵，人們在熊熊爐火面前，汗流浹背地喊叫著大煉鋼鐵時期最為流行的順口溜〈比比看〉：

「你是英雄咱好漢，高爐旁邊比比看，你能煉一噸，咱煉一噸半；你坐噴氣式，咱能乘火箭；你的箭頭戳破天，咱的能繞地球轉！」

到了一九九〇年代，當經濟發展的浪潮席捲中國之時，類似的情景竟然局部地重現了。比如在中國華東地區某鋼鐵廠周圍的田野上，聳立起了很多土製高爐，農民們搖身一變，紛紛成為了滿頭大汗的鋼鐵工人。他們在自己土製的高爐裡將鐵礦石煉到熔化後，立刻倒進特製的耐高溫的罐式車，司機一踩油門，滿載鐵水的罐式車風馳電掣般的駛進鋼鐵廠，將鐵水倒進鋼鐵廠的正規高爐，再由正規的高爐進行鐵水的滲碳和渣鐵的分離等等過程，然後開始出鐵。通常情況下，大型高爐每天二十四小時出鐵十四次左右，由於農民們的土製高爐已經先將鐵礦石熔化了，鋼鐵廠的大型高爐每天出鐵就可以達到三十次了。當然，這一次農民們在土製高爐裡煉出來的不是沒用的廢鋼了，農民們也不是為了空洞的政治大煉鋼鐵，農民們開始為實惠的金錢大煉鋼鐵了。如此令人咋舌的大煉鋼鐵，還有鋼鐵企業規模的迅速擴大，中國的鋼鐵產量自然高速地增長起來。由於運送鐵水的特製罐式車頻繁穿梭於田野上的土高爐和工廠裡的正規高爐之間，散發出來的高溫讓公路變成了燒烤之路，公路兩旁曾經是枝繁葉茂的樹木紛紛枯黃死去。

一九五八年的大躍進，可以說是一齣浪漫主義的荒誕喜劇。虛假、浮誇和吹牛蔚然成風，當時水稻畝產量就是高產田也只有四百斤左右，可是在「人有多大膽，地有多大產」的口號下，全國各地的水稻畝產量紛紛被誇大到了萬斤以上。一九五八年九月十八日的《人民日報》上刊出特號新聞：「廣西環江縣水稻畝產十三萬斤。」而且虛假浮誇吹牛還從細節做起，比如說，當時飼養出來的肥豬有一千多斤，豬腦袋像籮筐那麼大，宰了一頭豬相當於以前的三頭豬，三尺的鐵鍋都煮不下，六尺的大鍋才只能煮上半頭豬；田地裡長出來的南瓜也是大得嚇人，孩子們可以在大南瓜裡玩過家家。那時候有一首〈一個紅薯滾下坡〉的民謠風靡全國：

「社東有條清水河，河岸是個小山坡；社員坡上挖紅薯，鬧鬧嚷嚷笑呵呵。忽聽河裡一聲響，河水濺起一丈多，嚇得我忙大聲喊：『誰不小心掉下河？』大家一聽笑呵呵，一位姑娘回答我：『不是有人掉下河，是個紅薯滾下坡！』」

一九五八年八月開始，中國廢除了鄉一級的行政體制，一窩蜂地改成了人民公社，又一窩蜂地辦起了公社大食堂，農民們不在自己家裡吃飯了，到公社食堂裡大吃大喝起來。「放開肚皮吃飯，鼓足幹勁生產」的口號，當時風行大江南北。公社食堂用糧時毫無計畫，而且大肆浪費，有些地方還推出了吃飯比賽，一些參加比賽的農民為了奪得吃飯冠軍，把自己吃成了胃擴張，躺在了醫院的病床上。

幾個月以後，中國各地的糧倉空空蕩蕩了。然後，這齣浪漫主義的荒誕喜劇無奈落幕，現實主義的殘酷悲劇隨即拉開了帷幕。

大饑荒冷酷無情地籠罩了中國。由於此前各地都虛報糧食收成，國家徵收量遠遠高於實際產量。虛報收成是地方官員的向上表功行為，付出慘痛代價的卻是農民，他們的口糧、種子糧和飼料糧也被國家徵收了。一些地方以革命的名義，開始了野蠻和殘酷的「反瞞產私分」運動，公社和生產大隊的幹部奉命成立「查糧突擊隊」，挨家挨戶地搜查。在農民家中翻箱倒櫃，挖地鑿壁，找不出糧食就動手毆打農民。安徽鳳陽縣的小溪河公社在「反瞞產私分」運動中，有三千多人被打，一百多人被打成殘廢，還有三十多人死在了公社私設的勞改隊中。這時候，飢餓猶如狂風般席捲而來，死亡像倒下的多米諾骨牌一樣出現在中國大地上。根據後來中國官方公布的資料：大躍進期間，僅四川一個省餓死的人數就高達八百一十一萬，每九個人裡面有一個餓死。

很多年過去後，就在人們不斷反思一九五八年大躍進給中國帶來的災難之時，大躍進式的發展卻仍然在我們的經濟生活裡到處嶄露頭角。大躍進式的機場建設、大躍進式的港口建設、大躍進式的高速公路建設等等，這些大規模的基建項目理論上必須事先得到中央政府的批准，可是實際上很多地方政府都是先上項目，再向中央政府報批。於是不切實際和鋪張浪費的重複建設專案比比皆是，而且如同革命運動一樣轟轟烈烈。以港口建設為例，在河北和天津的六百四十公里長的海岸線上，分布著秦皇島、京唐、天津、黃驊四大港口。二〇〇三年的時候，雖然這四個港口都處於「吃不飽」之中，可是四個港口仍然不斷加大投資擴建力度。

有意思的是，一些超前的大躍進式的建設，在中國經濟的高速增長下，很快就從「吃不飽」變成了「吃得太飽」。然而另外一些大躍進式的建設，仍然處於飢餓之中。一些建成多年的高速公路，比如河北的石黃高速公路和江西的泰井高速公路，至今還是為數不多的旅行大巴和轎車行駛其上，幾乎看不到集裝箱車。網上有人戲稱這些高速公路隨時可以進行F1比賽，也有人喜氣洋洋地說這些安靜的高速公路是度蜜月的好地方。

一九九九年，教育部決定大幅度擴大高等教育招生規模，中國教育的大躍進開始了。到二〇〇六年，中國普通高校招生五百四十萬人，是一九九八年一百零八萬人的五倍；高等學校在學人數二千五百萬人。為此，教育部驕傲地聲稱：

「中國高等教育規模先後超過俄羅斯、印度和美國，成為世界第一。經過短短數年的艱苦努力，在人均國內生產總值一千多美元的條件下，中國高等教育發展實現了從精英教育到大眾化，走完了其他國家需要三、五十年甚至更長時間的道路。」

今天的中國，光榮的數據後面總是隱藏著危機。中國的大學用於擴招的貸款已經超過二千億人民幣，這筆數額巨大的貸款很可能成為中國商業銀行的又一輪壞賬，因為中國的大學實際上無力償還用於擴招的貸款；另外，大學學費在十多年裡，在等級不同的大學裡暴漲了二十五倍到五十倍不等，比居民收入的增長多出十倍。有人計算，今天供養一個大學生，需要一個城鎮居民四．二年的純收入，需要一個農民十三．六年的純收入；還有，大躍進式的擴招直接造成了今天大學生的就業困難，現在每年都在新增超過一百萬的大學畢業生找不到工作，這已經成為當今中國十分嚴重的社會問題。很多貧窮的父母為了供養兒女讀完大學，不惜傾家蕩產負債累累，可是當兒女大學畢業以後立刻成為中國失業大軍中的一員。貧窮的父母們只能欲哭無淚地扎根於更深的貧窮之中。在殘酷的現實面前，一些窮人的孩子放棄了他們的人生夢想，中學畢業就揹起鋪蓋外出打工，因為他們即使考上了大學，畢業以後他們仍然要面對失業，而且還要面對巨額債務。二〇〇九年，中國大學高考的報名人數在連續三十二年的增長以後，出現了首次回落。

我再談談文革似的革命暴力如何在我們三十年的經濟奇蹟裡不斷上演。

我先說一說公章的故事。這些木製的圓形公章直徑在四釐米左右，捏在手裡輕若一盒香菸。可是在共產黨中國六十一年的歷史和現實裡，龐大的政治和經濟權力常常濃縮在這樣一枚輕小的公章之中。任命官員的文件上需要公章，公司之間的合同上需要公章……與此同時，公章也是人生是否合法的證明，工作證、學生證、出生證、死亡證和結婚證等等也需要蓋有公章……公章在中國可以說是無處不在，無時不用。

一九六七年一月，上海的造反派以革命暴力的方式衝擊了市政府，搶走了政府的公章，然後宣布奪權成功，這是文革期間著名的「一月革命」。「一月革命」的奪權運動隨即席捲全國，各地的造反派和紅衛兵們紛紛衝擊各地政府機關、工廠學校，還有農村的人民公社。只要是有權力和有公章的部門，不管大小，都在「一月革命」奪權運動裡淪陷了。文革早期這場聲勢浩大的奪權運動，其實就是搶奪公章的運動。造反派和紅衛兵如同強盜土匪一樣，砸開政府機關工廠學校的大門和窗戶，喊聲震天地衝進去，然後砸起了辦公室裡的桌子和櫃子，翻箱倒櫃地尋找起了象徵權力的公章。

那個時候，誰要是搶奪到了公章，誰就擁有了真正的權力。可以堂而皇之地發布命令，可以名正言順地到財務部門去領取革命經費；可以將自己討厭的人置於死地，可以將國家的錢用於造反派的革命經費。一切胡作非為，只要寫在紙上蓋上搶奪來的公章後，立刻就合法化了。

於是，不同的造反派組織之間和不同的紅衛兵組織之間，為了搶奪公章，開始了你死我活的混戰。有時候幾個組織同時衝擊政府機關，為了搶先獲得公章，翻牆越窗的，互相鬥毆的，無所不有。此情此景很像是橄欖球比賽，眼看著這一派別的人要衝進機關大樓了，另一派別的人會奮不顧身地撲上去，扯衣服抱大腿，阻止他們進入大樓，讓自己派別的人搶先衝進去。有的造反派組織剛剛成功搶奪了政府的公章，還未出門，發現其他造反派組織已經將他們包圍了……

我曾經親眼目睹過這樣的情景，那一年我七歲，心驚膽戰地站在一棵柳樹的下面，看著河對岸的政府樓房裡上演的革命奪權。先是有十多個造反派衝進了我們小鎮的一個政府機關，那是一幢三層的樓房，他們搶奪到公章後，剛剛發出歡呼聲，另外一隊造反派趕來了。這後來的隊伍有四十多人，個個手持棍棒，將樓房團團包圍。這一隊造反派的司令手拿擴音喇叭，對著樓房裡的造反派喊話，命令他們乖乖地交出公章，如果他們拒絕交出公章，這位司令威脅道：

「就讓你們豎著進去橫著出來。」

樓房裡的造反派用擴音喇叭回擊他：「你們是癡心妄想。」

然後，站在河對岸的我，聽到了樓房裡的造反派高呼口號了：「毛主席萬歲！」

樓房外面的造反派也高呼起了「毛主席萬歲」的口號，他們揮動棍棒衝了進去。在「毛主席萬歲」和「誓死捍衛偉大領袖毛主席」的口號裡，兩個造反派組織在樓房裡打得烏七八糟。我站在小河對岸，都能依稀聽到玻璃的破碎聲、棍棒桌椅的斷裂聲，還有疼痛的喊叫聲。先來的那一隊造反派寡不敵眾，十多個人邊戰邊退，最後全部退到了屋頂的水泥平台上。我看到兩個傷勢很重的人是被他們的戰友拖上去的，這兩個人躺在平台上彷彿奄奄一息。後來的一隊造反派也衝上了屋頂平台，他們揮動著棍棒野蠻兇狠地擊打對手，我看到有三個人被他們打得從屋頂平台上摔了下去，其中一個人手裡拿著那枚公章，在摔下樓之前奮力將公章扔進了我面前的小河裡。

這十多個首先搶奪到公章的造反派，其結局都是「豎著進去，橫著出來」，從樓頂平台摔下的三個人，兩個重傷，一個死亡。

那枚木製的公章被扔進小河之後，沒有立刻下沉，而是隨波逐流向西而去。後來的這一隊造反派雖然取得了武鬥的勝利，可是他們為之戰鬥的公章被扔進了小河，他們急急忙忙地從那幢樓房裡跑出來，沿著小河哇哇喊叫著追趕向西漂浮的公章。其中一個造反派成員一邊奔跑，一邊脫去棉衣，跑到一座木橋上，他踩掉腳上的棉鞋，縱身一躍，跳進了冬天冰冷的河水裡。在岸上造反派的歡呼鼓勵聲裡，這個人向著漂浮過來的公章奮力划水，然後一把抓住了快要下沉的公章。

接下去這支造反派隊伍在我們小鎮的街道上進行勝利大遊行了，那個濕淋淋的人打著噴嚏，右手高舉公章走在最前面，他的造反派戰友緊隨其後，有臉上流血的，也有瘸腿的，顯示了剛才的武鬥是多麼激戰。他們一邊高呼「毛主席萬歲」，一邊宣布我們小鎮的「一月革命」已經大獲全勝。

那個奮不顧身救起公章的人，成了我們小鎮家喻戶曉的英雄。他也因此患上了重感冒，此後的一段日子裡，我在大街上見到過他幾次，每次都會看到他在走路的時候突然站住，而且紋絲不動，打出了一個響亮的噴嚏後，才恢復正常的行走。

文革之後，中國開始了翻天覆地的變化。今日的中國和文革時的中國，社會形態已是絕然不同，可是公章的地位依然如故，依然是政治權力和經濟權力的象徵。因此，搶奪公章的事件在今日中國仍然比比皆是。

一些民營公司，因為股東之間的矛盾，上演了一幕又一幕搶奪公司公章的鬧劇。這些西裝革履的股東，平日裡看上去十分體面，到了搶奪公章的時候，也就是爭搶公司控制權的時候，個個都像是來自黑社會的打手。拳打腳踢，破口大罵，唾沫橫飛，砸椅子摔杯子，在公司員工面前醜態畢露。而且這樣的搶奪公章事件，竟然也會發生在今日中國的律師事務所，那些聲稱自己精通法律的律師們，在爭搶事務所公章的時候，其互不相讓的激烈程度和過去時代的土匪們爭搶女人差不多。

就是在國營公司裡，搶奪公章事件也是時有發生。中國的國有企業雖然建立了董事會的權力機構，可是傳統的黨委體制仍然擁有很大的權力。二〇〇七年，某城市一家國營公司的黨委書記因為和董事長矛盾加深，竟然以公司黨委的名義解除了董事長的職務。按照中國的公司法，只有董事會才有權力解除董事長的職務。然後，這位黨委書記召集三十多個彪形大漢，用重磅榔頭砸開董事會辦公室的門，再撬開辦公室的櫃子，搶走了公司的公章。

而且搶奪公章的事件，不只是發生在民營公司和國營公司的內部，也時常發生在公司與公司之間，甚至發生在政府和政府之間。我再講講兩個今天這個時代裡搶奪公章的故事，一個是民間的，一個是官方的。

民間的故事講述了中國南方的一家公司，在一起訴訟中，一審判決輸了官司，原因是原告方出示了一份第三方公司的證詞。這家不服判決的被告公司在二審開庭前，竟然偽造了那家第三方公司對自己公司有利的材料，而且派出幾個硬漢強行闖入這家作證詞的第三方公司，第三方公司保管公章的職員，在扭打中不敵對方躲進了衛生間。這幾個硬漢撬開櫃子，拿出公章，在偽造的那一堆材料上蓋章。然後扔下公章，揚長而去。當法院二審開庭時，這家被告公司得意洋洋地拿出了這一堆蓋有第三方公司公章的材料。第三方公司的代表聲稱這些材料是偽造的，公章是被搶奪後蓋上去的，這家被告公司矢口否認他們搶奪了公章……

官方的故事講述上級政府搶奪下級政府的公章。某一個村莊有五十畝土地被上級鎮政府徵用，但是在出讓價格等問題上，村委會與鎮政府始終未能達成一致。鎮政府就以行政命令的方式逼迫村委會，可是村委會迫於廣大村民的壓力，始終不敢在出讓協議上蓋章。惱羞成怒的鎮政府就派人進入村莊，搶走了村委會的公章，代替下一級的村委會在出讓土地的協議上蓋了公章……

從文革到今天，搶奪公章的事例舉不勝舉。文革時代的公章故事和今天時代的公章故事，有時候就是在細節上，也有著驚人的相似之處。

一位朋友告訴我這樣一個故事。他生活的城市裡，在文革初期「一月革命」的奪權運動中，一家工廠裡有兩個造反派組織，他們勢均力敵，兩個造反派司令心裡都明白，若是動用武力搶奪單位的公章，必將兩敗俱傷。他們坐到一起談判，最後達成權力共用協議。就是將單位的公章鋸成兩半，兩個造反派組織各自保存一半。需要用公章的時候，必須是兩個造反派司令都點頭同意，然後拿出各自的一半，合併到一起蓋在文件上或者公函上。用完公章後，繼續分開保管。有趣的是，蓋上去的公章上出現了一條縫。

多年之後，在改革開放時期，也演繹了公章上有一條縫的故事。我在此說說另一個故事，一個成功的民營企業家的發跡史。

這位現在的大公司老闆，過去只是一個小公司的副總經理，他像文革初期的造反派那樣，拉攏了一夥人，先將公司的總經理打跑了，然後再去威脅公司的董事長，要董事長立刻滾蛋，否則打斷他的雙腿，那位膽小的董事長也像總經理一樣逃跑了。他就自封為公司的董事長兼總經理，集董事會和管理層的權力於一身。

原來的董事長逃跑時帶走了公司的公章。沒有公章，公司就無法正常運營。但是這點小事難不倒他，現在中國城鎮的街道角落裡到處都有私刻公章的業務，他命令一個下屬到街上的刻章小攤上重新刻了一枚公司的公章。在中國，必須持有相關政府部門的文件，才可以刻公章，所以私刻公章是違法行為。此人膽大妄為，他眼中只有金錢和權力，根本沒有法律。問題是兩枚公章同時存在，也會影響公司的正常業務。那個帶著公章逃跑的原董事長，也會利用手上的公章去簽署合同，會讓公司此後的合同真假難辨。

對他來說，這仍然是小事。當下屬將新刻的公章拿回來交給他，他又命令下屬上街去買一把斧子回來。這個下屬一臉的莫名其妙，不知道他要斧子幹什麼用？還是趕緊跑回街上去買來一把斧子，然後目瞪口呆地看著這位新老闆，在自己的辦公桌上，左手捏住新公章，右手舉起斧子劈了下去，將新刻的公章劈成兩半。

這位新董事長兼新總經理將新公章劈成兩半後，下達命令：從此以後，公司簽署的所有合同，蓋上去的公章上有一條縫的是真的，沒有縫的是假的。

類似的暴力事件在中國的一些民營企業家那裡屢見不鮮，用打架鬥毆的方式爭權奪利，甚至雇兇殺人。其野蠻程度和荒誕行徑，我想就是好萊塢黑幫電影裡的人物也會自慚形穢。

在中國經濟發展的高速進程裡，文革似的暴力行為不僅僅存在於民間，同樣也存在於官方。看看我們中國的城市化進程，大片的舊房在很短的時間裡被拆除，摩天大廈又在很短的時間裡拔地而起。大規模的拆建行為，讓中國的很多城市在一段時間裡像是被轟炸過了一樣。於是，很多城市都流行起了同樣的笑話。

說是美國中央情報局發現本・拉登（賓拉登）隱藏在他們所生活的城市裡，美軍偵察機來到了他們城市的上空，結果發現這個城市已經被轟炸過了。美軍飛行員向總部報告：不知道是誰下令轟炸的，本・拉登很可能被炸死了。

在這樣的情景後面，上演了很多文革式的革命暴力的發展模式。為了壓制因此而引發的民間不滿情緒和反抗行為，一些地方政府派出大批警察，將不肯搬遷的居民強行拉走，十多台大型推土機同時前進，迅速推倒大片的舊房。當那些被警察強行拉走的居民們再度返回時，迎接他們的不是家園，而是廢墟。他們成為了無家可歸者，只能接受現實，住進了地方政府為他們安置的房子裡。

兩年多前，某城市一戶人家因為在拆遷補償上和當地政府無法達成協議，遭遇了強行拆遷。他們一家正在睡夢之中，一批頭戴鋼帽的人在凌晨時分，架起梯子從牆外爬上去，用鐵錘鐵棍把窗戶砸破，跳了進去。這一家五口從夢中嚇醒後，發現已經身處幾十人的包圍之中。在他們還沒有完全清醒之時，兩個彪形大漢拉一個，把他們一家五個人從溫暖的被窩裡拉了出去。彷彿他們一家人都是罪犯，拆遷人員命令他們不准穿上長褲，讓他們用被子將自己裹起來，什麼東西都不准拿，連襪子也不准穿，讓他們走下樓，走出自己的房子。他們稍有反抗，拳頭就打過來了。他們被押到了一輛汽車上，汽車把他們一家人帶到了一間空房子裡，他們裹著被子坐在冰冷的水泥地上。二十多個警察看管他們，直到中午十二點的時候，一位官員走了進來說：

「你們的房子強行拆除了。」

這位官員告訴他們，他們家裡的東西，公證處做了公證，已經替他們搬到了新的房子裡去了。這戶人家眼看木已成舟，只好住進了政府分配給他們的房子裡。他們後來說起此事，感覺像是在拍電影，不像是真實的，因為太突然了。他們十分委屈地說：

「打仗還有個投降時間呢。」

我們的經濟奇蹟，或者說我們為之驕傲的經濟效益，從某種程度上來說，就是得益於地方政府的絕對權威，一紙行政命令，足以改變一切。雖然簡單粗暴，可是經濟發展的成果立竿見影。所以我要告訴西方的一些知識分子：恰恰是政治上的不夠透明，造就了中國經濟的飛速發展。

暴力拆遷在今日中國已成氾濫之勢，從而也引發了更多的民眾抗拒的群體性事件。二〇〇九年十一月，中國西南某城市裡，數十名不明身分人員攜帶鋼管、撬棍和封口膠，破門闖入被拆房屋的九家住戶，將正在熟睡的十三人強行拉上汽車拖離現場，為了不讓他們喊叫，用封口的膠布貼住他們的嘴巴。在衝突中有四人受傷。然後兩台挖掘機轟聲隆隆，二十六間房屋瞬間就被野蠻拆除。天亮後，更加激烈的衝突開始了，被拆遷住戶和他們的親友共三十多人情緒異常激動，他們用紅布條和四十餘瓶液化氣罐將路口的四個方向堵斷，要求當地政府給予一個說法。由於他們的堵路行為影響了其他市民的生產和生活秩序，警方將他們驅散，對為首的四人以涉嫌聚眾擾亂交通秩序罪採取刑事拘留。

也是二〇〇九年十一月，一位女戶主因為拒絕在明顯低於市場價格補償的拆遷協議上簽字，其房屋遭到地方政府的強行拆除。推土機鑿開大門後，開始鑿擊房屋的外牆，在部分牆壁開裂並傾斜之時，這位女戶主喝下大半杯威士忌給自己壯膽，在丈夫的支援下，站在自己房屋四樓的陽台上，向下面的推土機和強拆人員扔汽油燃燒瓶，下面的強拆人員向樓上的她扔石頭。在抵抗了幾個小時以後，她的四層樓房還是被推平了。後來她和丈夫均被判妨害公務罪，她的丈夫獲刑八個月。

成都一位名叫唐福珍的婦女，在二〇〇九年十一月十三日對抗強行拆除其房屋時，用點燃的汽油瓶砸向強拆人員，對抗了三個多小時後，她做出了極端舉動，向自己身上傾倒了汽油，用打火機點燃，自焚身亡。這起事件終於引發了中國媒體的地震，雖然當地政府對唐福珍自焚事件定義為暴力抗法，可是社會輿論站到了唐福珍這裡。人們開始質疑《城市房屋拆遷管理條例》裡存在的問題，北京大學法學院五位教授以普通公民的名義，向全國人大常委會發出了關於對《城市房屋拆遷管理條例》進行審查的建議書。建議書指出：拆遷條例與憲法、物權法的規定存在牴觸，立法機關應該對拆遷條例進行審查。

這些年來，強行拆遷事件引發的社會矛盾愈來愈普遍，社會衝突愈來愈激烈。唐福珍自焚事件引爆了中國社會存在已久的不滿情緒，在強大的輿論面前，國務院明確表示將修改《城市房屋拆遷管理條例》。然而就當很多人以為暴力拆遷行為將會收斂之時，現實嘲笑了他們的天真。就在全國輿論紛紛聲援自焚而死的唐福珍之時，就在國務院表示要修改《城市房屋拆遷管理條例》中的不合理條款之後，暴力拆遷事件不僅沒有減少，在中國社會裡反而愈演愈烈。

二〇〇九年十二月十六日，一位婦女中午的時候上街買菜，當她提著一籃子菜回家時，發現自己的房屋被推土機推平了，傢俱和電器不知道被搬到哪裡去了？這位婦女欲哭無淚，她的家人正在上班，還不知道家裡的房子被推平了，她說：

「天寒地凍，我們晚上怎麼過夜呢？」

更加離奇的是，某地方有四十多名公職人員，因為他們的親戚拒絕強行拆遷，他們竟然受到了株連。當地的一位區長在一次拆遷動員大會上，向下屬各部門領導宣布：所有在拆遷的村莊有親戚的公職人員，如果在元旦之前還不能「做通親戚的工作」，不能完成拆遷，將被開除公職。而且村莊裡的廣播重現了文化大革命時期的情景，每天早上八點到下午六點不停地滾動播放動員拆遷的通知。政府透過廣播警告村民：

「政府下了很大決心，這裡的建設絕不因任何人的阻撓而停止。」

……

這些蜂擁而至的歷史和現實讓我想起了毛澤東的一段話。毛澤東對革命一詞有過膾炙人口的詮釋，在文革時期我們人人可以倒背如流。毛澤東說：

「革命不是請客吃飯，不是做文章，不是繪畫繡花，不能那樣雅緻，那樣從容不迫，文質彬彬，那樣溫良恭儉讓。革命是暴動……」

一九七三年的春夏之交，幾個即將小學畢業的男孩，上課時間溜出向陽小學，在陽光裡走過一座剛剛竣工的水泥橋，到小河對岸去偵察一下海鹽中學。為了防止水泥乾得太快會裂開，橋面上鋪滿了稻草編織的袋子，幾個工人拖著橡膠水管正在往草袋子上澆水，讓水透過草袋子均勻地滲透到水泥橋面上。我和幾個同學踩著濕漉漉的草袋子走過了新建的水泥橋。

我們滿懷好奇之心，走向即將進入的中學。我們迫不及待地想知道：什麼是革命？

此刻的我們，經歷了六年的文革歲月，親眼目睹和親耳聽聞了不少革命事例，可是還沒有親身加入革命。雖然我們經常說著毛澤東的話：「造反有理。」可是造反有理一直停留在我們的口頭上，還沒有落實到我們的行動中。所以比我們大一、兩歲，早我們一、兩年升入中學的男孩們，都是一副趾高氣揚的派頭，他們以不屑的神態說：

「你們懂個屁，你們只有升入中學以後，才知道什麼是革命。」

我感到了自卑，此前我一直錯誤地以為自己置身於革命之中。我是一個街頭男孩，滿街的紅旗飄飄和滿街的大字報是我的成長記憶，我觀看了一次又一次的遊行和武鬥，也一次又一次地跟隨著大人們的腳步去觀看批鬥大會。

那時候我最羨慕的是比我大十來歲的人，他們趕上了一九六六年十月開始的紅衛兵全國大串連。當時的學校停課鬧革命，紅衛兵以互相交流文化大革命經驗的名義，長途跋涉四處串連。全國各地紛紛成立紅衛兵接待站，負責接待串連的紅衛兵。接待站為紅衛兵安排食宿，提供路費，還要為紅衛兵解決所需物資和運送車輛。我們小鎮上的紅衛兵，口袋裡只有五角錢或者一元錢，拿著一紙蓋上公章的串連介紹信，竟然跑遍了中國的東南西北。乘坐火車不要錢，夜宿旅店不要錢，連吃飯也不要錢。後來，當他們講述起自己紅衛兵時代的串連往事時，個個眉飛色舞。

這也是我記憶裡美好的夏季之夜。他們中間的某一位，是我一個同學的哥哥，那時他已經去了農村插隊落戶，過著辛勞和艱苦的生活，每隔兩個月步行五、六個小時，從他所在的村莊回到我們小鎮，在家裡住上幾天以後，再步行五、六個小時回到他沒有電燈，只有煤油燈的鄉村小屋裡。他在夏天回來時，我們這些孩子的節日也就開始了。

夜晚乘涼時，他坐在籐椅裡，架起二郎腿，手搖扇子，面對十多個滿臉崇敬席地而坐的我們，他沉浸到美好的往事之中，講述起了他們當年如何高舉紅旗，手臂上戴著紅衛兵袖章，排成一隊威風凜凜地走出我們的小鎮。

他們計畫步行一千公里，前往毛澤東的故鄉湖南韶山朝拜；然後再步行一千公里，從湖南韶山前往毛澤東最早的革命根據地江西井岡山。可是他們步行了一天就筋疲力盡，揮手攔下了一輛卡車，去了一百公里之外的上海，在上海遊玩了十多天以後，又乘坐火車去了北京，在北京仍然是遊玩，然後分成兩隊，一隊乘坐火車去了青島，一隊南下到了武漢……就這樣，他們的隊伍愈分愈小，最後我同學的哥哥變成了一個人的隊伍，他一個人去了廣州，遇到了幾個來自東北瀋陽的紅衛兵，結伴渡過瓊州海峽去了海南島……半年以後，這支串連隊伍中的紅衛兵們如同散兵游勇，一個一個從不同的地方陸續地回到了我們的小鎮。他們互相打聽分別後各自的串連活動，發現沒有一個人去過湖南韶山和江西井岡山。他們去的全是大城市和著名的風景區，他們以革命的名義完成了各自一生中最為漫長和盡興的遊山玩水之旅。

我同學哥哥的講述來到最後時，總是重複那句感慨萬分的話：「祖國的大好河山是盡收眼底啊！」

我們小鎮上的老紅衛兵們，那時候都被發配到了農村，正在經歷艱難的歲月。文化大革命早期的混亂動盪過去後，毛澤東面臨一個嚴峻的現實：一九六六年以來，由於文革的動亂，中學和大學三年沒有招生，致使全國初中和高中畢業生一千六百多萬人等待升學或者就業。這些毛澤東的紅衛兵們在大規模的武鬥和抄家行為裡大顯身手，已經習慣於打砸搶的生活方式，當社會相對穩定之後，中國的經濟也來到了崩潰的邊緣，無法提供更多的城鎮就業機會。一千六百萬的紅衛兵和知識青年一旦無所事事，也就成為了社會的不安定因素。

毛澤東決定解決這個當時中國城鎮社會的最大難題，他輕鬆地揮了一下手，說道：

「知識青年到農村去，接受貧下中農的再教育。」

然後，無數的中國家庭上演了無數的悲劇，他們的孩子揹上簡單的舖蓋，在父母送別的眼淚裡離鄉背井奔赴邊疆和農村，在中國最為貧困的地方紮下了根，開始了飢寒交迫和悲歡離合的人生之路。我們小鎮上這些上山下鄉的知識青年，有的去了遙遠的黑龍江，有的就在本地農村落戶。這些對前途悲觀失望的老紅衛兵，每次回到父母家中住上幾天的時候，文革早期大串連的經歷儼然是他們人生中最為美好的往事。他們喜歡對我們這些小紅衛兵講述當年的精彩歲月，他們的講述五彩繽紛，留在我記憶裡最深刻的是他們對火車站的描述。

大串連時期的紅衛兵擠滿了中國大地上所有行駛中的火車，有些躺在座位底下，有些睡在上面的行李架上，還有更多的人在行駛的火車上一站就是幾個小時。車廂的廁所裡也擠滿了人，誰也無法上廁所。於是當火車進站停下後，紅衛兵們立刻從車門和車窗裡紛紛擁擠出來，像是源源不斷地擠出來的牙膏一樣。男紅衛兵們跳下火車後，大模大樣地解開褲子，在月台上隨地大小便；女紅衛兵們則是圍成了一個又一個圓圈人牆，挨個輪流走到圓圈人牆中間蹲下來大小便，以防某些心懷鬼胎的男紅衛兵偷看。然後，男女紅衛兵們重新從車門和車窗處擠進火車。火車開走後，站台上臭氣熏天，到處都是男女紅衛兵留下的屎尿。

我同學的哥哥，因為熱衷於講述自己在文革早期的紅衛兵串連經歷，在我心目中曾經是革命的象徵。可是當他手中出現一根竹笛以後，不再講述自己風光無限的串連了，他突然變得沉默寡言。他給我留下了這樣的記憶：右手提著一只陳舊的帆布旅行袋，左手拿著一根竹笛，破舊的球鞋上滿是泥土地走來，這是他從農村回到父母家中的情景。當他住上幾天返回農村時，仍然是相同的情景，只是那雙破舊的球鞋上沒有了泥土，母親替他將球鞋清洗乾淨了。他回到家中的幾天裡，總是坐在窗口，吹奏他的竹笛。樂曲斷斷續續，都是當時革命歌曲的旋律，可是這些革命旋律在他的笛聲裡沒有了激昂的氣勢，似乎變成了靡靡之音。沒有吹奏竹笛的時候，他坐在窗口發呆。有時候我們走到窗前和他說話，他的眼睛看著我們，卻沒有任何反應。

一個原來說話滔滔不絕的人，在農村插隊幾年以後，好像換了一個人，變得不愛說話了。也許是笛聲代替了他的說話，他的千言萬語可能都在吹奏之中。差不多有兩年時間，我走在自己居住的這條小巷時，只要聽到竹笛響起，我就知道他回家了。這是我們巷子裡唯一的笛聲，也是他生命存在的信號。偶爾的時候，他會吹奏出貨郎賣梨膏糖的笛聲，讓巷子裡嘴饞的孩子們滿頭大汗地奔跑過來。看到孩子們上當的表情，他會發出幾聲開心的大笑，隨即又淪陷到沉默之中。

這個我小時候心目中的革命象徵，在我們小學即將畢業的那一年死去了。死去之前他回到了家中，這次他住了十幾天，他不願意回到鄉下。有幾次我從他窗前經過時，聽到他的父親在裡面大聲斥罵他，罵他好吃懶做，因為他不肯回到鄉下。他聲音軟弱地申辯，說自己很累，沒有力氣下田地幹農活。他父親的罵聲更加響亮了，罵他懶得像是一個資產階級。我聽到他父親振振有詞地說：

「懶漢都覺得自己沒有力氣。」

他母親覺得家裡不能整天吵架，兒子也不能一直這麼住下去，如果長期賴在城裡不回鄉下，會被別人認為有思想問題。母親好言好語地勸他回到鄉下去，他同意了。臨走時母親為他煮了兩個雞蛋，放進了他的口袋，這在當時可是昂貴的食物。我看到了他的離去，他骨瘦如柴臉色發黃，右手提著那只破舊旅行袋，左手拿著那根竹笛，腳上還是那雙破舊球鞋，他低頭走去的樣子有氣無力。我看到他哭了，他一邊走著，一邊抬起拿著竹笛的左手，用袖口擦著眼淚。

這是我最後一次看到他行走在人世間。幾天以後，他在鄉下昏迷了，被幾個農民用門板抬進了我們的縣醫院，確診為黃疸肝炎晚期，然後他死在了駛往上海的救護車裡。我的醫生父親告訴我，送到縣醫院時，他的肝臟已經縮得很小了，而且像石頭一樣堅硬。他死去以後，我少年時期唯一的笛聲也死去了。

什麼是革命？我過去記憶裡的答案在眾說紛紜。革命讓生活充滿了不可知，一個人的命運會在朝夕之間判若兩人，有的人瞬息裡飛黃騰達，有的人頃刻間跌落深淵。人和人之間的社會紐帶也在革命裡時連時斷，今天還是革命戰友，明天可能就是階級敵人。

有兩個情景在我此刻的眼前流連忘返，一個講述了人性的美好，另一個講述了人性的醜陋。

美好的情景來自於一位同學的父親。那是我小學一年級的時候，這位平日裡待人親切的父親被打倒了，他只是共產黨政治體制裡的一名小官員，仍然難以逃脫走資派的罪名。我小時候很喜歡他，因為他在大街上見到我的時候，每次都會向我微笑一下，他知道我是他兒子的同學。這是我童年記憶裡唯一在大街上給予我微笑的大人，我在其他同學的父親那裡得不到這樣的親切微笑。他被打倒以後，我也失去了這讓我受寵若驚的微笑，他的眼睛看到我後就會迅速閃開。他在被打倒的幾個月裡受盡了精神和肉體的折磨，我不知道造反派是如何折磨他的，我每次見到他的時候，都是一副鼻青臉腫的模樣。他的兒子，我的那位同學，臉上曾經洋溢著陽光般的燦爛笑容，可是父親被打倒後，他的眼睛開始變得驚恐了。課間我們在操場上玩耍時，他總是獨自一人站在角落裡。有一天早晨，上課鈴聲還沒有響起，我們揹著書包在操場上奔跑玩耍，他走來了，然後像往常一樣獨自站在操場的角落裡，這一次他站在那裡哭泣不止。我在遠處看到他的身體不停地抖動，雙手捂住了自己的臉。隨後我們得知，他的父親在天亮前投井自殺了。此刻我回首往事，我相信不堪折磨的他早已萌生自殺的念頭，但是他將這個念頭隱藏在心底，不讓妻子有所覺察。他內心煎熬地徘徊在生與死之間，最終選擇了死。他在凌晨兩點多的時候，悄悄起床，在黑暗裡向熟睡中的妻兒無聲地告別，然後輕聲推門出去，奔赴另外一個世界。他的兒子後來告訴我，那天凌晨的時候，他在睡夢裡感覺父親在他床頭站了一會兒。就在他投井的前一天傍晚，我還在大街上見到他，他額頭流著鮮血，走路的樣子有些瘸，他和兒子一起走過來。在夕陽的餘輝裡，他的右手摟著兒子弱小的肩膀，一副輕鬆愉快的模樣，微笑著和兒子說話。很多年以後，我在北京的家中寫作《兄弟》之時，這對父子在黃昏裡走來的溫馨情景一直纏繞著我。我覺得，宋凡平可能就是從這個揮之不去的情景裡走出來的一個人物。

醜陋的情景來自於我小學二年級時候的老師。課間休息的時候，我們這些孩子在操場上蹦蹦跳跳，老師們則是三三兩兩聚在一起，一邊聊天一邊看著我們。當時我們小學每個年級只有甲、乙、丙三個班，我經常看到一個女老師和另一個女老師站在一起，她們兩個人親熱地說著話，咯咯地笑出聲音。我在操場上玩耍的時候，時常扭頭去看看她們兩個。我覺得她們之間十分親密，彷彿是一對無話不說的姊妹。可是有一天早晨，我揹著書包很早去了學校，當時操場上空無一人，我就走進了教室，沒想到其中一個女老師比我來得還要早，她坐在講台前正在批改作業。看到我進來時，她神祕地向我招招手，讓我走到她跟前，然後用一種發自內心的興奮語調告訴我，經常和她一起親熱說話的那個女老師出生在地主家庭，是學校派人去她的老家調查後發現的，現在那個女老師已經被抓起來審查了。我先是疑慮地看著這個老師的興奮表情，隨後心裡充滿了恐懼，因為我一直以為她們兩人是最好的朋友。後來的日子裡，我在操場上玩耍時，再看到老師們站在一起親密無間地說話時，會讓年幼的我感到不寒而慄。就是街頭血淋淋的武鬥，也沒有比這個貌似人和人之間親密的情景更讓我害怕。

什麼是革命？我小時候有一個活生生的榜樣，就是我的哥哥。我哥哥是一個天生的革命者，「造反有理」似乎就是他的血型。他還是一個小學二年級的學生，就有過震驚全校的革命舉動。班主任老師站在講台上批評他上課時做小動作，那位女老師可能言詞過激，我哥哥被激怒了，他站起身搬著自己的課椅走到了講台旁，將課椅放到女老師身旁，就在女老師疑慮地看著他，不知道他要幹什麼的時候，他已經站到了椅子上，對準女老師的太陽穴，居高臨下地揍出了狠狠一拳。這個只有九歲的男孩，竟然把女老師揍得昏厥了過去，女老師醒來時已經躺在醫院的病床上了。

升入中學以後，我哥哥的革命性是變本加厲。我印象十分深刻的是我哥哥的語文老師，這位女老師在忍無可忍之後，終於走進了我們的家門，一口氣說出了他幹過的一堆壞事。可能是因為委屈，那位女老師竟然掉出了眼淚。女老師當時的控訴滔滔不絕，我現在記住的只有一件事，可能是因為有趣，所以我記住了。那是在冬天，我哥哥上語文課的時候，脫下了他的球鞋，放在窗台上曬太陽，他穿著尼龍襪子的雙腳臭氣沖天，而且他還坐在第一排，他將一雙臭腳就架在課桌上，正對著講台。語文老師一邊講課，一邊近距離地呼吸著他的雙腳散發出來的臭氣，就要求他穿上球鞋。我哥哥一口拒絕，聲稱他的球鞋還需要陽光的照射。我哥哥說話的時候，腳趾在尼龍襪子裡誇張地活動起來，努力讓自己的雙腳散發出更多的臭氣。語文老師非常生氣，就走到窗前，拿起他曬著太陽的球鞋就扔出了窗外。我哥哥以其人之道還治其人之身，他跳了起來，站到課桌上，又從課桌跳到講台上，拿起語文老師的講義，再跳下講台，跑到窗前，把講義扔了出去。然後在同學們的歡呼聲裡，他爬出窗口，撿起自己的球鞋，又從窗口爬進來，把球鞋放在窗台上讓它們繼續沐浴陽光，自己回到座位上後，繼續把一雙臭腳架在課桌上。然後像個指揮家那樣揮動著雙手，指揮著同學們起落有致的歡呼聲，得意洋洋地看著語文老師灰溜溜走出教室。語文老師不能像我哥那樣從窗口爬出爬進，她沿著教學樓繞了一圈去撿起她的講義，當她拿著講義站起身時，看到教室的幾個窗口擠滿了班上的學生，他們幸災樂禍地用言詞嘲笑她。

我記得語文老師走後，我父親氣得暴跳如雷，拿起一只凳子就向我哥哥砸了過去，我哥哥身手敏捷地躲開了。我母親急忙拉住我父親，我父親衝著我哥哥吼叫起來：

「你在學校裡幹了多少壞事！」

我哥哥竟然理直氣壯地說：「我在學校裡幹革命……」

我父親一把推開了我母親，揮拳要去揍我哥哥。我哥哥一溜煙地逃跑了，跑到了他覺得相對安全的距離，繼續說：

「我就是在幹革命。」

這讓我對革命充滿了嚮往。雖然正在經歷文化大革命，可是我們在小學的時候很怕老師，我們經常被老師逼著寫下檢討書，上課時說話和做小動作要寫檢討書，同學互相打架也要寫檢討書。我在小學時寫下的檢討書，比我寫下的作文還要多。而且我們的檢討書都被老師張貼在教室的牆上，讓我們覺得自己很沒有面子。我哥哥的言行，還有其他比我們大上一、兩歲的男孩的言行，讓我們隱約感到升入中學以後就再也不用寫檢討書了；升入中學以後不再是學生怕老師，而是老師怕學生了；升入中學以後一切胡作非為全都是革命行為。

所以在一九七三年的春夏之交，我們幾個同學走過了新建的水泥橋，走進了小河對岸的海鹽中學。我們走過籃球場的時候，看到有學生在打籃球；走過操場的時候，看到有學生躺在中間的草地上聊天。我們走過了兩幢教學樓，幾乎所有教室的窗台上都坐著學生。我們聽到有人在喊叫我們的名字，是一個居住在我們巷子裡的男孩，他比我們大一歲，初一的學生。他坐在一間教室的窗台上向我們招手，我們走了過去，問他現在是不是下課了？他搖著頭說正在上課。他伸手把我們一個一個拉上窗台，拉進了他所在的教室。他讓我們分別坐在窗台和課桌上，熱情洋溢地把我們介紹給他近旁的幾個同學。

我們大開眼界。教室裡一片嘈雜，有些學生坐在課桌上，有些學生在走來走去，還有兩個學生隔著課桌在對罵，看樣子馬上就要動手打架了。一個老師站在講台上，正在黑板上寫著物理題，他一邊寫一邊講解，沒有一個學生在聽他講解，他完全是寫給自己看，講給自己聽。

此情此景，讓我們目瞪口呆。我們指著講台上的老師，小心翼翼地問這位熟悉的初一學生：

「他在給誰講課？」

「他在給自己講課。」這位初一學生說。

我們嘿嘿笑了，繼續問：「你們不怕他？」

「怕他？」這位初一學生哈哈笑了，「這是中學，不是你們的小學。」

說著他從課桌裡摸出一截粉筆頭，向講台上的老師扔了過去。那位老師看到有粉筆頭飛過來，側身躲了一下，然後若無其事地繼續給自己講解物理題。

什麼是革命？我們終於知道了。

草根

差不多五年前，在中國的一個重要的城市裡，出現了一個昂貴的樓盤，聳立在這個城市最為繁華的中心地區。這幢高達四十多層的樓盤裡，有六套頂級公寓，每套面積在二千平米。裝修十分奢侈，所用的材料和廚房衛生間用具都是世界的頂尖品牌。這六套頂級公寓剛剛開始銷售，立刻告罄。

第一個買下其中一套價值一億多元人民幣公寓的人，並非是引人矚目的地產商、金融投資商或者ＩＴ行業的新貴，而是一個在中國的經濟浪潮裡很不起眼的血頭，就是賣血的組織者。這位富有的血頭出手闊綽，一次就付清了全額房款。於是，我關於草根的故事可以娓娓道來了。

我在一九九五年出版的《許三觀賣血記》裡面，塑造了李血頭這個人物，這是我醫院裡的童年經歷在虛構世界的延伸。我在寫作這部小說的時候，草根的詞義在漢語裡十分單純，僅僅是草的根鬚而已。幾年之後，我們從英語裡進口了全新的詞義，草根廣義地成為了非主流和非正統的弱勢階層的代名詞，然後迅速風行中國社會。

在我記憶中，這個在醫院裡負責收購農民血液的人，也像醫生一樣穿著白大褂，不過他的白大褂十分骯髒，尤其是屁股和胳膊處黑乎乎的。他的嘴角整日叼著菸捲，前來賣血的農民都尊稱他為血頭，用書面語解釋，就是血液的領導。

這個血頭在自己的血液世界裡建立了不言而喻的權威。雖然他在醫院裡的地位低於一位最普通的護士，然而他精通日積月累的意義，在歲月裡悄無聲息地建立了自己草根之王的地位。在那些因為貧困或者因為其他更為重要的理由前來賣血的農民眼中，他有時候就是一個救世主。

在過去的那個時代裡，所有醫院的血庫都庫存豐足。他從一開始就充分利用了這一點，讓遠道而來的賣血者在路上就開始了擔憂，擔憂自己體內流淌的血能否賣出去。他十分自然地培養了他們對他的尊敬，而且讓他們人人都發自內心。接下去他又讓這些最為樸素的農民明白了禮物的意義，這些人中間的絕大部分都是目不識丁者，可是他們知道交流是人和人之間必不可少的，禮物顯然是交流時最為重要的依據，它是另外一種語言，一種以自我損失為前提的語言。正因為如此，禮物成為了喜愛、讚美和尊敬之詞。就這樣，他讓農民們明白了在離家出門前應該帶上兩棵青菜，或者是幾個番茄和幾個雞蛋。將青菜、番茄或者雞蛋獻給他的時候，也就獻上了讚美和尊敬之詞，如果空手而去等於失去了語言，成為聾啞之人。

他苦心經營自己的王國，長達幾十年。然後，時代發生了變化，所有醫院的血庫都開始變得庫存不足了，買血者開始討好賣血者，醫院裡血頭們的權威搖搖欲墜。他並不為此擔心，這時候他已經退休，反而捕獲了這個機會，成為了一個真正的血頭，不再是傳統意義上醫院的血頭。

這個血頭十多年前已經去世，他在去世前完成了一個壯舉，這是我父親告訴我的。我父親在一九九五年底讀完了《許三觀賣血記》，在電話裡講述了這個血頭退休以後如何富有起來的故事。在中國市場經濟蓬勃興起之時，這個血頭發現了當時血液的價格在各地有所不同，於是在很短的時間裡組織了近千名賣血者，長途跋涉五百多公里，從浙江到江蘇。跨越了十來個縣，將他們的血賣到了他所能知道的價格最高之地。他的追隨者獲得了更多一些的收入，而他自己的錢包則像打足了氣的皮球一樣鼓了起來。

我可以想像，這是一次雜亂的漫長旅程。我不知道他使用了什麼手段，使那些平日裡最為自由散漫同時又互不相識的人，吵吵鬧鬧地組成了一支烏合之眾的草根隊伍。我相信他給他們規定了某些紀律，並且無師自通地借用了軍隊的某些編制，他在這雜亂的人群裡挑出十多個人，給予他們有限的權力，讓他們盡情展示各自的才華：威脅和拉攏、甜言蜜語和破口大罵並用。他們為他管住了這近千人，而他只要管住這十多個人就足夠了。

這次集體行動很像是戰爭中移動的軍隊，或者像是正在進行中的宗教儀式，他們黑壓壓的能夠將道路鋪出長長一截。男人之間的鬥毆，女人之間的閒話，還有偷情中的男女，以及突然來到的疾病擊倒了某些人，當然也有真誠的互相幫助，可能還會有愛情發生……我相信在這個世界上，再也找不出另外一支隊伍，能夠比這一支賣血的草根隊伍更加五花八門了。

我在想，這個我童年記憶中的血頭如果不是過早去世的話，他積累下來的財富同樣可以讓自己住進豪宅。當然不能和我前面說到的那個大城市裡的血頭相提並論，那個住進價值一億多人民幣頂級公寓的血頭，擁有更為壯觀的權威，據說他領導了十多萬的賣血者。這是今日中國的現實，雖然每個賣血者被組織起來去賣血需要上交一些費用，可是仍然多於自己單獨賣血的收入。

這個專門組織賣血的血液巨頭過著隱名埋姓的奢侈生活，沒有人知道他究竟擁有多少財富？當血庫裡的血液緊張之時，這個血液巨頭也是各大醫院討好的對象，有時候想請他吃飯都很難將他請到。對他來說，生意就是生意，哪裡醫院的價格高，他控制的血液就會流向那裡。

賣血，這個看起來十分卑微的行業，同樣講述了《福布斯》（*Forbes*，知名美國商業雜誌）雜誌熱衷於講述的財富故事。這是一個地道的關於草根成功的故事，我再說一說另外一個草根的故事，這是三年前我在中國的報紙上讀到的故事。一個回收廢舊物品的人，報紙上稱他為丐幫幫主，也叫他垃圾大王。他只是城市裡某個區域的垃圾大王，可是他也擁有了幾千萬的財富。在中國的城市裡，每一個居住小區裡，都會有幾個專門回收廢舊物品的人，他們用低價買進居民們準備扔掉的物品，再將這些廢舊物品分開歸類後，稍稍抬高價格賣給更大的回收商。我說的這個垃圾大王就是屬於更大的廢舊物品回收商，他從小回收商那裡買進廢舊物品，再次抬高價格後出售給不同的生產企業，生產企業可以因此降低原材料的成本價格。這位身價幾千萬的垃圾大王在接受記者採訪時，言談十分謙虛。當記者問他，他是怎麼發現這個商機的？他說：

「我只是做了別人都不願意做的事情。」

這句樸素的話道出了中國三十年經濟奇蹟的某些祕密，就是今天的中國人以無孔不入的方式和無所畏懼的草根精神促進了經濟的發展。於是我們的經濟生活中出現了很多大王，紙巾大王、襪子大王和打火機大王等等。浙江有一位鈕釦大王，他經營的鈕釦品種之多不計其數。雖然鈕釦的利潤極其微薄，可是世界上只要是有衣服的地方都會有他的鈕釦。紙巾、襪子、鈕釦和打火機等，似乎都是卑微的行業，可是一旦擁有了巨大的市場份額，卑微的行業同樣可以成為一個財富的帝國。

一位轎車經銷商告訴我一個故事。他在浙江義烏有一家BMW的4S店，有一天來了一位農民模樣的老人，十多個兒孫簇擁著他。他們從一輛麵包車裡鑽了出來，前呼後擁地走進4S店，兒孫們為這位腰纏萬貫的老人挑選起了轎車。老人看中了一輛價格在兩百萬人民幣之上的BMW760li。他詢問銷售人員，這輛車為什麼這麼貴？銷售人員詳細向他介紹了這款轎車的各種先進設備和功能，他一邊聽著一邊搖頭說自己聽不懂。最後銷售人員向他介紹轎車裡的牛皮座椅，指著駕駛座說，這一個座椅就用掉了兩頭牛，是兩頭牛身上皮質最好的地方割下來的。這位過去的放牛娃，後來在中國的經濟大潮裡暴富起來的老農民，立刻明白這輛BMW760li的轎車為何如此昂貴了。他對自己的兒孫們說：

「一個座椅就用掉了兩頭牛身上的牛皮，這肯定是高級車了。」

他給自己買下了這輛BMW760li。又給兒子們和兒媳們，孫子們和孫女們，每人買了一輛BMW轎車。按照輩分，從BMW的7系列開始，到5系列和3系列分配給了兒孫們。付款時，他的兒孫們從麵包車裡搬出了幾個大紙盒，裡面裝滿了現金。這個老農民根本不信任支票和信用卡，對他來說只有紙幣才是真正意義上的金錢。

這位老農民用自己的生活經驗和樸素直接的思維方式，一下子就理解了BMW760li的轎車為何如此昂貴。中國的一些草根們，在最初經商時沒有任何經濟學方面的知識，也沒有任何管理方面的經驗，卻在很短的時間裡暴富起來，就是因為他們擁有完全屬於自己的獨特思維方式。像這個老農民理解BMW760li為何昂貴的思維一樣，這類看起來土包子似的草根思維，可以讓他們一下子就切入到了事物的要害之處。

我所講述的這些故事，在中國一九七八年以後的經濟發展中層出不窮。可以這麼說，中國最近三十年的經濟奇蹟，其實是無數的個人奇蹟堆積出來的國家奇蹟，我這裡所說的是草根階層創造的奇蹟。

中國的草根敢想敢做，他們在經濟發展的浪潮裡不擇手段，即便是違法甚至是犯罪的事，他們也膽敢嘗試。另一方面，改革開放以後，中國的法制是一個逐漸健全起來的過程，一些法律和法規存在著不少漏洞，給予草根們大量的鑽洞機會。所以任何人間奇蹟，這些草根們都可以創造出來。他們一副天不怕地不怕的膽量，他們不害怕會失去什麼，因為他們就是從一無所有開始的。用中國的俗話說：光腳的不怕穿鞋的。用馬克思的話說：作為無產者我們失去的僅僅是枷鎖，得到的是全世界！

看看這些年中國富豪排行榜上的名字，幾乎都是草根出生。這個榜單講述了人生的暴漲，兩手空空的窮人轉瞬之間成為億萬富豪，名利雙收之後，榮華富貴似乎取之不盡用之不竭。與此同時，這個榜單也講述了人生的暴跌，身敗名裂之後，榮華富貴頃刻之間成為過眼雲煙。根據「胡潤富豪榜」（在中國具有影響力的財富排行榜）統計，近十年的富豪排行榜裡，已經有四十九位草根出生的富豪被捕或者逃匿。他們的罪名五花八門：「挪用資金罪」、「串謀盜竊罪」、「串謀詐騙罪」、「單位行賄罪」、「編造金融票證罪」、「非法吸入公眾存款罪」、「非常占用農地罪」、「合同詐騙罪」、「信用證詐騙罪」……中國民間戲稱每年公布的富豪排行榜為「殺豬榜」。中國有句俗語：人怕出名豬怕壯。意思是人一旦出名就會倒楣，豬養大養肥後就會被宰殺。面對民間將富豪榜戲稱為「殺豬榜」，胡潤，這位出生盧森堡，來自英國，在中國因為製作富豪榜而出名的人這樣回答：

「該死掉的豬，不管上不上富豪榜，都會死掉的。」

二〇〇八年十一月，富豪榜上的中國首富黃光裕因為涉嫌多起重大案件，被公安部門拘押。這位從廣東一個小地方走出來的草根，在一九八七年創辦了國美電器，十多年之後發展成了中國最大的家電零售企業。二〇〇八年，黃光裕以四百三十億元人民幣的個人財富第三次登上胡潤版的「中國首富」。二〇一〇年五月，法院認定黃光裕犯有非法經營罪、內幕交易罪、單位行賄罪，三罪併罰，判決黃光裕有期徒刑十四年。黃光裕不服判決，提起上訴被駁回。

幾年前剛剛登上「胡潤富豪榜」首位的時候，曾經有一個記者問黃光裕：

「你這個首富的頭銜是否花錢買來的？」

黃光裕當時回答：「我煩死胡潤了，還給他錢？他的這個榜是個『通緝令』，誰上誰倒楣！」

這個富豪榜或者「殺豬榜」在今日中國只是冰山一角，在此榜單之外，在無處不在的經濟權力的角逐中，更多的草根在上演著他們人生的暴漲和暴跌。用中國網民的話說，更多的豬還沒有長大就被殺掉了。而且，在今天這個悲喜轉換的時代戲劇裡，我們誰也不知道自己的尾聲會如何來到？

回首文革往事，在政治權力的角逐裡，草根們暴漲暴跌的人生故事同樣滾滾而來。

一九七三年八月，中國共產黨第十次全國代表大會上，出現了令人意外的情景。主席台正中央座位上毫無懸念地坐著毛澤東，毛澤東的右側也是毫無懸念地坐著總理周恩來，可是毛澤東的左側竟然坐著一位年僅三十八歲的年輕人。在毛澤東宣布大會開幕，周恩來讀完政治報告後，這位年輕人開始從容不迫地唸起了《關於修改中國共產黨黨章的報告》。

這位名叫王洪文的年輕人，文革開始時只是上海一家棉紡廠的保衛幹事。一九六六年十一月，他和另外幾名工人成立了當時十分著名的造反派組織「上海工人革命造反總司令部」。然後青雲直上，不到七年時間，從一個只是抓抓小偷的保衛幹事躍升為中國共產黨中央委員會的副主席，位列毛澤東和周恩來之後，成為當時中國政權裡的第三號人物。

可是好景不長，三年之後，也就是毛澤東去世之後和文革結束之時，他和江青、張春橋、姚文元一起作為「四人幫」成為了階下囚。在一九八〇年十二月的公開審判中，這位名聲顯赫的革命造反派，以「組織領導反革命集團罪」等罪名被判處無期徒刑。

在中國轟轟烈烈的政治運動中，革命與反革命之間只是一步之遙。用民間的話說，就是翻燒餅。在那個時代裡，人們都只是貼在爐壁上的燒餅，被命運之手翻來覆去。昨天是革命者，今天就成為了反革命分子；或者今天是反革命分子，明天就成為了革命者。

王洪文在此後的日子裡逐漸被人們遺忘，他在監獄裡獨自經受苦悶的心理折磨，偶爾回想起曇花一現的輝煌歲月，就會聲聲嘆息。一九九二年八月，王洪文因患肝病去世，終年五十七歲。他的人生冷冷清清地收場，遺體火化時，只有妻子和弟弟為他送別。

文化大革命講述了多少造反派風起雲湧的人生故事？數不勝數，也舉不勝舉。若將這些故事羅列出來，會像道路一樣綿延不絕望不到盡頭，或者像森林裡密集的樹木一樣難以清點。

我想起了慘死於文化大革命初期的劉少奇。在造反派持續不斷的人格和肉體的蹂躪之後，這位前國家主席於一九六九年十一月含冤死去。死去時這位七十一歲的老人白髮有一尺多長，而且沒有衣服遮身，遺體上只是蓋了一條白布。在他的骨灰寄存證上面有關職業一欄裡寫著：無業。

文革十年，我的成長歲月從童年來到了青年，我目睹了死亡之神兩次光顧我們的小鎮。第一次是文革初期，此前讓人敬畏的共產黨官員，紛紛以走資派的罪名被打倒，一些不堪折磨的官員深感絕望之後，以不同的方式選擇了自殺。第二次是文革結束之後，風光了十年的造反派立刻成為了「四人幫」的爪牙，政治的燒餅翻了過去，輪到造反派紛紛被打倒了。其中一些造反派感到了末日的來臨，他們像文革早期自殺的走資派那樣，也以不同的方式自殺身亡。

我們縣裡一位草根出生的無名小卒，在文革期間成為了造反派頭頭，開始了耀武揚威的短暫人生之旅。我小時候經常在批鬥大會上見到他，他宏亮的聲音從高音喇叭裡出來時，十分厚重，像是兩、三個人的聲音疊加在一起。他一邊宣讀批判稿，一邊監視著那些低頭站成一排的走資派，只要發現有一個走資派的身體稍稍動了一下，他立刻中斷宣讀，走過去朝那個走資派的腿彎處猛踢一腳，讓走資派跪倒在地。當毛澤東提出以老幹部、軍隊代表和造反派「三結合」的方式成立革命委員會後，他作為造反派代表進入了革命委員會，榮升副主任，他的仕途也就名正言順了。他走在我們小鎮的街道上時，人們都以和他熟悉為榮，親熱和恭敬地向他打招呼，而他只是禮節性地向他們點點頭，神態矜持。倒是我們這些孩子喊叫他「主任」時，他會友好地向我們揮一下手。

文革結束後，在清除「四人幫」爪牙的運動中，他被隔離審查。當時我們剛剛高中畢業，我們幾個同學閒來無事，曾經好奇地去偷看對他的審問。我們知道他被關押在百貨公司倉庫後面的小屋子裡，我們爬上倉庫後面的圍牆，坐在圍牆上晃蕩著雙腿，透過敞開的窗戶，看到他坐在一只小板凳上，他面朝的桌子後面坐著兩個審問他的人，那兩個人拍著桌子，聲色俱厲地訓斥他，其情景完全像文革初期造反派審問走資派一樣。這個昔日威風凜凜的造反派那時顯得十分軟弱，唯唯諾諾地講述自己在文革期間如何充當「四人幫」的爪牙所犯下的種種罪行。我記得他當時哭了，他在交代自己罪行的時候將話題扯開了，說他母親前幾天去世了，而他卻不能守候在母親身旁。他的哭聲突然像一個孩子那樣響亮起來，他說：

「我媽媽往洗臉盒裡吐血，吐出了一臉盒的血。」

審問他的人拍著桌子說：「胡說！你媽有那麼多血嗎？」

有一天上午，趁著看守他的人上廁所之時，他逃了出去，沿著海堤跑出了十多公里，站在那裡，木然地看著一望無際的大海，浪濤拍岸之聲不絕於耳，他很可能沒有聽到。然後，他低頭走進了不遠處的一個小鎮，在一家商店的櫃檯前站了一會兒，掏出口袋裡所有的錢，買了兩盒香菸和一盒火柴後，低頭返回堤岸。

附近有幾個農民正在田地裡幹活，他們看到他一邊抽菸一邊在堤岸上徘徊。

他一枝接著一枝地抽菸，中間沒有中斷過，他將兩盒香菸全部抽完後，怔怔地看了一會兒正在田地裡幹活的幾個農民，然後轉過身去，不會游泳的他走下了堤岸，一頭扎進了洶湧澎湃的浪潮裡。當追捕他的人一路打聽著來到這裡時，已經沒有了他的蹤影，只看到堤岸上留下的一堆菸蒂。幾天以後，他的屍體被浪潮沖上了鄰縣的海灘。我聽說他身體浮腫的都認不出來了，他的鞋和襪子都被海浪剝去，衣服褲子還在身上。

文化大革命讓一些生活在社會底層的草根鋌而走險，在毛澤東造反有理的革命裡獲得了飛黃騰達的機會，一階平民立刻身居高位，當時人們用「坐直升飛機上去」來評價這些人生暴漲的造反派。文革結束以後，這些人從高位上自由落體般的跌落下來，而且跌穿草根均線，跌入囚犯底部。人們又用「上去快，摔下來更快」來嘲笑這些人生暴跌的造反派。

當然，文化大革命也講述了更多微漲微跌的人生故事。我所生活的小鎮上，就有幾個這樣的故事。我選擇其中一個，以饗讀者。

一九六七年的「一月革命」席捲中國，象徵權力的政府公章紛紛被搶奪之後，一些沒有搶奪到公章的造反派和紅衛兵組織，沒有因此一籌莫展，他們開始了私刻公章的革命運動。於是，草根自封的權力機構立刻遍布全國，其壯觀的情景好比唐朝詩人岑參描述飛雪突然降臨的詩句：「忽如一夜春風來，千樹萬樹梨花開。」

我要講述的這個人就是在此背景下揭竿而起，成立了「毛澤東思想戰無不勝宣傳隊」，並且自封為隊長。這個人當時四十多歲，平日裡膽小怕事，而且沉默寡語。他不是那種大搖大擺走在街道中央的人，他上街時總是低著頭，貼著牆根走去或者走來。在我童年的印象裡，他經常被孩子們欺負。

我們巷子裡幾個年齡大一些的男孩，為了顯示自己有多麼了不起，就會去找他的麻煩。當他迎面走來時，故意用身體狠狠地撞他一下，他的反應只是站住腳，皺眉看一眼撞他的男孩，隨即一聲不吭地走開了。為此我十分敬佩那幾個年齡大一些的男孩，心想他們真是厲害，連大人都敢去欺負。後來我們這些還沒有上小學的男孩也敢欺負他了，朝他扔去一塊小石子，他被砸中後回頭看我們一眼，也是皺一下眉，隨後一聲不吭地走去了。我們因此興高采烈，覺得自己一下子變得強大無比了。

就是這樣一個老實巴交的人，當革命的洪流滾滾而來，身邊的人紛紛加入進了不同的造反派組織後，他也按捺不住了，也想加入到如火如荼的文化大革命運動之中。可能是他平時太窩囊，幾個造反派組織認為他缺少革命性，都將他拒之門外。他在無奈之下和情急之中，成立了一個人的造反派組織。私刻了一枚「毛澤東思想戰無不勝宣傳隊」的公章，威風凜凜地將公章掛在褲腰帶上。

他風光無限的人生之旅開始了。我記得他每次出現在大街上的時候，外衣總是紮在褲子裡，這是我們小鎮上唯一將外衣紮在褲子裡的人，他這樣做是為了讓掛在褲腰帶上的公章更加醒目。他胸前掛著一個哨子，手裡拿著一本《毛主席語錄》，也就是紅寶書，昂首挺胸地在大街上走來走去，目光巡視著街上來去的行人。常常冷不防吹響了哨子，街上的行人站住腳扭頭看他時，他捧起了紅寶書，大聲命令道：

「翻到第二十三頁，我們唸一段毛主席語錄……」

當時很多人都是隨身攜帶紅寶書，聽到他這麼喊叫，立刻從口袋裡取出紅寶書，在他的帶領下，站在大街上認真朗讀起了《毛主席語錄》。讀完了二十三頁，還要在他的指揮下讀四十八頁、五十六頁、七十九頁……直到他虔誠地闔上紅寶書，莊重地宣布：

「今天的學習到此為止，希望大家回家後繼續努力學習毛澤東思想。」

街上的行人們如釋重負地大聲回答：「是。」

當時有些人沒有帶上紅寶書，表情十分尷尬，他不會因此批判他們，而是和顏悅色地對他們說：

「明天別忘了帶上紅寶書。」

自從我們的小鎮上出現了這個紅寶書警察後，人人上街都會帶上紅寶書了。只要是哨聲一響，毛澤東語錄的朗朗讀書聲就會在街道上響起。

我們這些孩子不再歧視他了，我們錯誤地以為他是小鎮上最大的造反派頭頭，因為只要他的哨聲響起，所有走在街道上的造反派和群眾都會聽命於他。我們當時不知道他這是狐假虎威，在那個時代裡，任何一個人只要拿出紅寶書，所有的人都會老老實實跟隨著學習起來。

我們開始喜歡他了。其他的造反派對我們都是不屑一顧，只有這個光棍造反派和我們這些孩子打成一片。只要他出現在街道上，我們就會前呼後擁地追隨他，而且我們也學著他的模樣，個個都將外衣紮進褲子裡，美中不足的是我們的褲腰帶上沒有公章。好在他十分慷慨，讓我們的手去摸他掛在褲腰帶上的「毛澤東思想戰無不勝宣傳隊」的公章，無論摸上多長時間，他都是微笑地對待我們。不過，當我們得寸進尺，問他這枚了不起的公章是否也可以在我們的褲腰帶上掛上一會兒？他立刻嚴詞拒絕，並且警告我們：

「你們這是奪權行為。」

這個光棍造反派在我們小鎮上人緣極好。當時學校停課，工廠停工，人們鬧革命不上班了，有些人想趁此機會去外地探親訪友，只要持有革命造反派組織的介紹信，坐車可以不付錢，住旅館也可以不付錢。這些人就去找他，請他出具介紹信。他來者不拒，十分熱情。此後他身上多了一件革命道具，天天肩挎一只褪色的軍用書包，書包裡面放著厚厚一疊油印介紹信。

介紹信的最上端印著「最高指示」四個字，下面印著毛澤東語錄：「我們來自五湖四海，為了一個共同的目標，走到一起來了……一切革命隊伍的人都要互相關心，互相愛護，互相幫助。」再下面才是介紹信的正規格式。

每當有人請他開具介紹信時，他都顯得很高興，席地而坐，從書包裡取出空白介紹信，擱在大腿上，一邊詢問要去哪裡？一邊在介紹信上認真寫著。他每次都是開出兩張介紹信，一張是免費坐車的，一張是免費住旅館的。然後從口袋裡摸出紅色印泥，再解開褲腰帶，取下「毛澤東思想戰無不勝宣傳隊」的公章，沾上紅色印泥後，小心翼翼地蓋上去。

後來因為一個疏忽，他的精彩人生戛然而止。有一天他在上廁所的時候，可能是太急了，匆匆忙忙脫下褲子時，「毛澤東思想戰無不勝宣傳隊」的公章從褲腰帶上滑落，掉進了下面的糞池。剛好有個紅衛兵也在上廁所，立刻說他是反革命分子，他的公章在我們小鎮上聞名遐邇，誰都知道那枚公章上刻有「毛澤東思想」五個字，那個紅衛兵訓斥他：

「你竟然把『毛澤東思想』掉進廁所了……」

轉瞬之間，人生的高潮驟然退去。那個紅衛兵也就是在當時訓斥一下，後來沒再提起這事。但是他開始了漫長的自我折磨，他的外衣不再紮在褲子裡了，肩上裝有介紹信的書包也不見了，倒是哨子仍然掛在胸前。他有氣無力地吹了幾聲哨子，當街上的行人恭敬地捧起紅寶書，準備在他的帶領下朗誦毛澤東的語錄時，他卻痛哭流涕地搧起了自己的耳光，說自己是一個反革命分子。他仇恨滿腔地控訴起了自己的罪行：

「我罪該萬死啊！我把『毛澤東思想』掉進廁所了……」

街上手捧紅寶書的行人一臉的莫名其妙，半晌才明白過來發生了什麼，自然要十分嚴肅地批判一下他的錯誤行為。這是當時的風尚，就是凡事都要首先表明自己的革命立場。不過誰也沒有認真把他當成反革命分子，大家心裡都覺得他是一個老實人，所以沒有人去批鬥他。

可是他經常在大街上吹幾聲哨子，然後自己批鬥自己，讓街上的行人有些厭煩了，有一個人實在忍不住了，當眾罵他：

「你一個反革命分子，有什麼資格動不動就對著我們吹哨子？」

他當時嚇得臉色慘白，彎腰低頭，唯唯諾諾地說：「不敢了，以後不敢吹了。」

他以後出現時，胸前沒再掛著哨子。他換了一副行頭，給自己頭戴一頂紙糊的高帽子，手裡拿著一把掃帚，戰戰兢兢地整天清掃起了我們小鎮的街道。

隨著文革結束和歲月的流逝，他回歸於原先的自己，在默默無聞的人生裡悄無聲息地呼吸著，即便是上街，也沒有人會去注意他正在走來。然後，他被我們的小鎮徹底遺忘。幾年前我回到家鄉，向幾個兒時的夥伴提起此人時，竟然沒有一個人記得他。我說起了這段童年記憶中深刻的往事，我的兒時夥伴們的表情像是第一次聽說他的故事。當我反覆強調他當初如何威風八面地吹響哨子，率領眾人朗讀毛澤東語錄的情景。有一個兒時夥伴終於回想起來了，表示替我打聽一下這個人的下落。兩天以後他來告訴我，說這個文革期間褲腰帶上掛著公章，胸前掛著哨子的人，十來年前就去世了。我的這位兒時夥伴說話時嘿嘿笑個不停，他神祕地說，這個人如今正在陰間吹著哨子，率領鬼魂們大聲朗讀毛澤東的語錄。

看到我臉上的疑惑，兒時的夥伴告訴我，這個人一直十分珍惜地保存著那個哨子，臨死前的遺言是要將哨子放進他的骨灰盒裡。中國一直以來流傳著「視死如視生」的觀念，死者生前的生活用品以及可以代表其社會地位的物件放入棺材或者後來的骨灰盒，作為隨葬品，供死者在另外一個世界裡使用。

我理解那個哨子對這個人來說意味著人生全部的價值。如果沒有文化大革命，他的人生裡也就沒有了哨子，沒有了波瀾起伏。雖然他人生的漲跌遠遠不能和王洪文相比較，可是他同樣經歷了高峰和低谷。如果他在彌留之際回想起文革時期吹著哨子帶領大家朗誦毛澤東語錄的輝煌情景，我想，他應該感到人生不虛此行。

綜觀共產黨中國六十一年的歷史，我感到，毛澤東的文化大革命和鄧小平的改革開放，給予中國的草根階層兩次巨大的機會。文化大革命可以說是一次政治權力的重新分配，改革開放則是一次經濟權力的重新分配。

山寨

敘述當代中國，可以有很多不同的角度。我在這裡選擇山寨的敘述，因為它是民間意義上講述的國家神話。

山寨一詞，在漢語裡原先的意思是指築有柵欄等防守工事的山莊；此後引申為貧窮之地，窮人的居住之處，以及舊時綠林好漢和強盜們占據的營寨，這個詞彙也有著不被官方管轄的含義。

這些年，隨著價格低廉和功能齊全的山寨手機流行之後，「山寨」一詞讓

「模仿」有了全新的含義，同時「模仿」原有的詞義邊界也被取消，造假、侵權、不規範、開玩笑和惡作劇等等無需詞義的簽證就可進入模仿的國度，成為山寨的臣民。可以這麼說，山寨是今日漢語裡最具有無政府主義精神的詞彙。

山寨手機最初時模仿Nokia、Samsung、Sony-Ericsson 等品牌的功能以及外觀，並且以假亂真地將自己的品牌命名為Nokir、Samsing、Suny-Ericcsun。山寨手機抄襲正規產品從而節省了研發費用，其價格只有正規產品的五分之一甚至更低，而且功能繁多、外觀新潮，迅速占領了中低端消費者的市場。

山寨行業的規模迅速擴大之後，其手機的品牌也是五花八門，有一款最新上市的山寨手機借用了美國哈佛大學之名，自稱為「哈佛通信」製造，還讓美國總統奧巴馬作為這款山寨手機的代言人，讓微笑的奧巴馬出現在山寨手機的宣傳廣告上。奧巴馬的微笑遍布世界各地，已是當今世界最為著名的微笑，也是最具有權勢的微笑，如今卻被挾持到中國山寨手機的廣告上。奧巴馬在山寨手機廣告上微笑地說：

「奧巴馬的黑莓——我的 BlockBerry 旋風 9500。」

奧巴馬是源遠流長的美國夢的今日象徵，恐怕他仍然夢想不到這樣的離奇事情。當美國人看見他們的總統竟然是中國山寨手機的廣告代言人，可能會瞠目結舌。我們中國人卻不以為然，將奧巴馬山寨一下有何不可？在今天的中國，除了在任的黨和國家領導人不能碰，還有退休的仍然在世的黨和國家領導人也不能碰，其他所有的人都可以被山寨化，可以被開玩笑和惡作劇，可以被隨意模仿和隨意惡搞。

曾經是偉大的領袖、偉大的導師、偉大的統帥和偉大的舵手的毛澤東，在他去世四十三年之後，也像奧巴馬一樣，成為了中國山寨廣告的主角。在去年的十月一日，也就是六十周年大慶之際，浙江某地的一家KTV的正門兩側各懸掛著巨幅的紅色山寨海報。山寨海報上，毛澤東身穿軍裝，頭戴軍帽，手執麥克風高唱紅色歌曲，其唱歌的姿態毫無毛澤東生前的領袖風采，看上去就是一個夜夜混跡於KTV夜總會的地方小官員。海報右下方則羅列著《今天是你的生日》、《我的祖國》、《我愛你中國》、《中國人》、《歌唱祖國》等十多首紅色歌曲。

為此，這家KTV的工作人員驕傲地說：「海報是十月一日掛上去的，我們用這種方式來慶祝盛世國慶。」

二〇〇八年，毛澤東的故鄉湖南為了促進旅遊業的發展，從全國海選山寨毛澤東，其目的是讓山寨毛澤東們像魚餌引誘魚來上鉤一樣，招徠更多的遊客來到湖南觀光旅遊。用當地的一位文化官員的話說：「這是我省文化體制改革的一個創新，也將有力地推動我省文化旅遊產業發展。」

一百三十位山寨毛澤東從四面八方風塵僕僕地趕來，經過一系列山寨領袖的比賽程序，最終十三位山寨毛澤東進入最後的決賽。

十三位山寨毛澤東在新聞發布會的台上坐成一排，他們的下巴上一律黏貼上了一顆山寨版的毛澤東痣。有幾位山寨版毛澤東還模仿著正版毛澤東生前的模樣，手裡握著一根菸，翹著二郎腿。正版毛澤東說話時有著正版湘潭口音，於是新聞發布會期間，台上響起一片山寨毛澤東的山寨湘潭口音。這些山寨毛澤東們大都身穿中山裝和軍裝，有一位帶著毛澤東長征時期的八角帽，其他人的髮型都是毛澤東式的往後梳。十三位山寨毛澤東年齡各異，他們聲稱自己代表了不同時期毛澤東的山寨版。有井岡山時期的山寨毛澤東，有長征時期的山寨毛澤東，還有開國大典時的山寨毛澤東……

一位山寨毛澤東對自己的長相充滿信心，堅持不化妝。有一位山寨毛澤東雖然化妝，但是聲稱「我最原生態」。另一位山寨毛澤東手握麥克風，面對台下黑壓壓的觀眾，像一個流行歌手那樣臨時發揮了，大聲說：

「雖然我今年一百一十五歲了，但看到大家的面貌，我又年輕到現在啦！」

還有一位山寨毛澤東一上台就模仿毛澤東在開國大典時的講話：

「同志們好——」

這位山寨毛澤東的山寨湘潭口音，立刻引爆了現場氣氛，台下的觀眾歡呼起來：

「毛主席好！」

山寨毛澤東繼續模仿毛澤東的聲音：

「人民萬歲——」

台下的觀眾山呼海嘯了：「毛主席萬歲！」

這幾年，毛澤東不斷被山寨化。最為離奇的是中國西南某地竟然出現了女子山寨版的毛澤東，中國的媒體紛紛用「橫空出世」來形容，這樣的形容在過去只屬於正版的毛澤東。一位五十一歲女士將自己化妝成毛澤東以後，走上了大街，向圍觀的群眾揮手致意，其動作就像是毛澤東在天安門城樓上向遊行的群眾揮手致意一樣。街上的群眾紛紛湧向這位女子山寨版的毛澤東，爭先恐後地搶著與她握手。大街上一時間人滿為患，短短幾百米的路程，她要走上半個多小時。

人們覺得這位女子山寨版的毛澤東，比他們見過的男子山寨版毛澤東更像毛澤東。當然，她付出的辛苦和代價也是遠遠高出男子山寨版的毛澤東們，她揮汗如雨地學習模仿毛澤東的言行舉止，以期達到形似和神似毛澤東。她把自己化妝成毛澤東，每次都需要四個多小時，每次都要支付二千元人民幣的化妝費。由於身高上的不足，她腳蹬最高的隱蔽高跟鞋。正版毛澤東身高一百八十三公分，這位女子的身高不足一百七十公分。經過認真觀摩舊影片裡毛澤東的走路姿態，再經過勤學苦練，腳蹬隱蔽高跟鞋的女子山寨版毛澤東，一路走來時，讓人們覺得彷彿是腳穿平底布鞋的毛澤東步伐。

山寨手機風行中國之後，山寨數碼相機、山寨ＭＰ３、山寨遊戲機等盜版和仿製產品蜂擁而至，隨即山寨品牌迅速擴大到速食麵、飲料、牛奶、藥品、洗衣粉和運動鞋……然後山寨一詞立刻深入到中國人生活的各個方面。山寨明星、山寨電視節目、山寨廣告、山寨流行歌曲、山寨春節聯歡晚會、山寨神舟七號飛船、山寨鳥巢國家體育場等紛紛透過網絡登台亮相，各顯神通，紅極一時。

山寨明星就是模仿秀，有點像山寨版毛澤東的鬧劇。有所不同的是，山寨毛澤東要求形似，而山寨明星只是強調神似。雖然長相不同，只要模仿出某一位明星的神態和聲音，也能達到引人注目的效果。有的山寨版的明星，隨著自己的聲名鵲起，不再僅僅滿足於神似正版的明星，還要形似正版明星，不惜花費金錢和忍受手術的痛苦，去進行整容，期望自己和被模仿的正版明星如同雙胞胎一樣。野心勃勃地要將自己從山寨版升級為正版，再將原來的正版ＰＫ成山寨版。

山寨流行歌曲和山寨電視節目更是五花八門，既是模仿也是惡搞。隨意篡改流行歌曲的歌詞，將莊嚴的改成滑稽的，將優美的改成粗俗的等等，演唱時也是故意走調。而以網絡視頻方式出現的山寨電視節目，時常是對官方電視節目的嘲諷。

CCTV每晚七點的《新聞聯播》因為其僵化和教條，成為了網上山寨電視節目惡搞的熱門目標。有一個山寨版《新聞聯播》在網絡播出時，網民們看到了兩個完全陌生的主播，這兩個山寨主播利用毒奶粉事件，首先用《新聞聯播》一貫的莊重語調聲稱，原來的主播因為喝了三鹿奶粉中毒了，正在醫院裡搶救，所以臨時換成他們兩個來主持今天的《新聞聯播》。

除了惡搞官方的電視新聞節目，網絡上出現了幾個版本的《山寨新聞》，尖銳地觸及到了敏感的社會問題，在一些官方媒體支支吾吾之時，《山寨新聞》直言不諱，在真實的報導之後，更多的是嬉笑怒罵和冷嘲熱諷的評論。

嬉笑怒罵和冷嘲熱諷是《山寨新聞》的鮮明風格。毒奶粉事件揭發出來後，不僅石家莊三鹿集團生產的嬰幼兒奶粉裡的三聚氰胺含量嚴重超標，很多其他的乳製品企業生產的嬰幼兒奶粉也或多或少地超出標準，中國整個乳製品行業因為三鹿奶粉而遭受重創。國產奶粉無人問津，很多人不再喝牛奶。《山寨新聞》在評論這起事件時，假冒其他受到牽涉而出現巨大虧損的乳製品企業，來調侃三鹿集團：

「我們是在奶粉裡放入一些三聚氰胺，你們是在三聚氰胺裡放入一些奶粉。他媽的，你們比我們還要缺德。」

去年八月，北京奧運會開幕式成功之後，中國的官方媒體一片歌頌之詞，驕傲地聲稱如此輝煌的奧運會開幕式，前無古人後無來者。《山寨新聞》也這麼說，只是將語調變成了嘲諷，《山寨新聞》評論道：

「這樣輝煌的奧運會開幕式，過去沒有，今後也不會再有。為什麼？因為有這麼多人的國家，沒有這麼多的錢；有這麼多錢的國家，沒有這麼多的人；既有這麼多錢又有這麼多人的國家，沒有這麼多的權。」

CCTV每年的春節聯歡晚會是藝人們一夜出名的最佳時機。一個不錯的女歌手平時演唱一個晚上只能掙到一千元人民幣，如果她上了春節聯歡晚會，立刻身價倍增，從此以後唱一首歌就是幾萬元人民幣的收入。於是能不能登上春節聯歡晚會的舞台，成為很多藝人你死我活的戰場。這些藝人各顯神通，請商人為自己出錢，請領導為自己寫紙條，錢色交易和權色交易因此絡繹不絕。春節聯歡晚會愈來愈臃腫，導演們頭疼不已，為了平衡各種利益，節目愈來愈多，歌手的獨唱少了，合唱的組合一年比一年多。

前幾年流傳過一個笑話，CCTV的某位領導決定給春節聯歡晚會瘦身，心想為了保證晚會的藝術品質，必須得罪一些人了。這位領導將一抽屜的紙條倒在桌子上，一張一張拿起來仔細察看，看看紙條上的重要人物簽名，這個不敢得罪，那個也不敢得罪。最後敢於得罪的紙條只有三張，都是他自己寫給導演的。他將自己親手寫的三張紙條拿了出去，繼而一想：「憑什麼得罪我自己？」又將自己的三張紙條放了回去。

正是在這樣的背景下，山寨版春節聯歡晚會與CCTV的正版晚會同時在大年三十的晚上播出。二〇〇九年，就有十多台山寨版春節聯歡晚會在網絡視頻播出。山寨版春晚的組織者在春節臨近之時，紛紛推出他們的山寨廣告。山寨春晚指揮車行駛到街道上；在城市的廣場上舉行山寨春晚的新聞發布會；手舉寫滿山寨春晚廣告詞的廢紙箱子行走在鬧市區。有關山寨春晚的廣告詞也是五花八門，有一幅廣告上用毛澤東的筆跡寫著：

「人民春晚人民辦，辦好春晚為人民。」

一些早已厭倦了CCTV春節聯歡晚會的觀眾，尤其是年輕的觀眾，到了大年三十的晚上，他們就會關掉電視，打開電腦，邊吃邊喝地在網絡上欣賞起了由草根們製作的山寨春節聯歡晚會。

我們由此可以看到山寨現象在今日中國具有的某些積極的意義，從這個角度來看，山寨現象是草根文化向精英文化發出的挑戰，也是民間對官方發出的挑戰，弱勢人群對強勢人群發出的挑戰。

一九八九年的天安門事件已經過去二十年了，從今天的角度來看，天安門事件對中國社會最大的影響就是政治體制改革的停滯不前。公正地說，從一九八〇年到一九八九年期間，中國的政治體制改革的步伐雖然落後於經濟體制的改革，可是畢竟是在改革之中。一九八九年天安門事件以後，政治體制改革的停滯，經濟卻開始了飛速的發展。這是令人匪夷所思的，我們因此置身於一個充滿了矛盾的現實裡：一邊是保守，另一邊是激進；一邊是政治權力的集中，另一邊是經濟利益的開放；一邊是教條主義，另一邊是無政府主義；一邊是循規蹈矩，另一邊是放蕩不羈……過去的二十年，我們的發展是片面的，不是全面的發展。這樣的片面發展，已經傷害到了社會應有的健康。

我想，山寨現象之所以風起雲湧地出現，從社會學的意義上來說，這是中國社會片面發展的必然結果。社會矛盾的普遍和尖銳，引發了世界觀和價值觀的混亂，然後催生了山寨現象。山寨現象可以說是多種多樣的社會情緒日積月累以後，突然間釋放了出來，然後不斷演繹成了反權威、反主流和反壟斷的鬧劇似的社會革命。如果用行為藝術作為比喻，山寨現象來勢之迅猛，規模之巨大，彷彿整個國家都淪陷到了山寨的行為藝術之中。

北京奧運會前夕的奧運聖火傳遞來到中國境內後，聖火傳遞的城市都是官方認真選擇的，每一個火炬傳遞者也是政府官員精心挑選出來的。雖然耗資巨大，可是被選中的城市都深感榮耀，每一個被選中的火炬手也是十分自豪。河南輝縣的一個小山村顯然無此榮耀，可是他們舉辦了一場山寨版奧運聖火傳遞。村民手拿自製的簡易火炬互相傳遞，每一個村民都有資格參加，無須經過政府有關部門的批准。他們神情自豪，他們對祖國的熱愛絲毫不亞於正版的火炬傳遞者。河南輝縣的山寨奧運聖火傳遞的視頻上傳到網上，網民們的喝彩聲不絕於耳。

由於西方不斷批評中國的環境污染問題，中國政府特意將北京奧運會定義為綠色奧運。可是，中國境內正版的聖火傳遞沒有讓我感受到奧運是綠色的。正版火炬手在警車開道和人群夾道裡慢跑傳遞，正版的奧運聖火傳遞結束後，這個城市的街道上就會留下許多的垃圾。

河南輝縣那個小山村裡的山寨版聖火傳遞，反而讓我真正感受到了綠色奧運。沒有汽車尾氣，沒有擁擠人群呼出的二氧化碳，村民們手持簡易火炬，在風和日麗之時，奔走在山花爛漫的春天景色裡。

山寨現象在今日中國已經是無孔不入。長期以來一直是禁區的政治領域也遭受了山寨的入侵。在全國人大和全國政協的兩會期間，一位四川宜賓人自稱是「山寨全國人大代表」，並且在網上提出他的議案，涉及到保險、農民養老、個人所得稅等方面。這位「山寨全國人大代表」希望自己的建議能通過網絡讓大家看到。

他的當選充滿了黑色幽默，他聲稱為了更好地參政議政，他們家召開了家庭選舉大會，他是家裡選出來的「山寨全國人大代表」，而且是全票通過。這是對政府精心考察以後挑選出來人大代表和政協委員的小小諷刺。雖然只是一個家庭會議的選舉結果，然而這位山寨版的人大代表比那些正版的人大代表更能顯示選舉的民主性，家庭成員們投出的是發自內心的贊成票，而不是被官方指定的贊成票。

還有更加膽大妄為的事例，竟然有人利用山寨的方式，將中國最為嚴肅的政治體制拉入到放蕩的色情行業裡。

去年我在網上看到一則令人目瞪口呆的消息，在中國南方某個城市裡，有一處色情場所，生意極為興旺。裡面賣淫的小姐們個個漂亮，而且每位小姐都向嫖客提供細緻入微的周到服務。嫖客們紛紛讚揚那裡的服務是「國內頂尖，世界一流」。什麼原因？據說就是管理好。那裡的老闆建立了一套將色情和政治熔於一爐的管理體制，他將中國共產黨的黨支部和中國共產主義青年團的團支部的管理體制挪作他用，別出心裁地在小姐們中間建立了共產黨支部和共青團支部，他的理論是要在賣淫活動裡充分發揮黨員和團員的先鋒模範作用。

在中國，一個人想要加入共產黨和共青團，是要經過認真的考察和嚴格的程序。這位老闆既不是共產黨員，也不是共青團員，卻自封為山寨的黨委書記，再在其麾下建立山寨黨支部和山寨團支部。將有性服務經驗的小姐們發展成了山寨共產黨員，將缺少經驗的新來的小姐們發展成山寨共青團員。等到山寨共青團員經驗豐富了，獲得嫖客們的好評之後，再升級為山寨共產黨員。這位老闆就是這樣利用黨組織和團組織政治體制，充分調動小姐們的工作積極性，同時讓小姐管理小姐，也讓小姐監督小姐。而且定期召開山寨黨員和山寨團員的組織生活會議，讓小姐們進行批評和自我批評，學先進找差距，發揚優點克服缺點，使自己的服務品質更上一層樓。

這位正版的色情業老闆和山寨版的共產黨書記，還將共產黨體制裡的「先進工作者」納入到他的管理之中。每個月都要評選一次「先進工作者」，以小姐們接客數量多少作為評選標準。還以山寨光榮榜的形式，把當月接客多的小姐們的照片張貼在山寨版的先進工作者光榮榜上。

中國社會裡正版的先進工作者光榮榜上的照片，都是健康向上的微笑模樣，都是標準的頭像。而這個色情場所裡出現的山寨版先進工作者光榮榜，完全是另外一番風格，光榮榜上面的小姐照片，很像時尚類雜誌裡的性感女明星那樣，個個都在搔首弄姿賣弄風情。

今日中國的社會生態可以說是光怪陸離，美好的和醜陋的、先進的和落後的、嚴肅的和放蕩的，常常存在於同一個事物之中。山寨現象就是如此，既顯示了社會的進步，也顯示了社會的倒退。就像人體的健康受到損傷時會出現炎症一樣，山寨現象就是今日中國社會生態的炎症。炎症一方面是在抗擊病菌，另一方面也會帶來紅腫、膿包、潰爛和壞死。

作為中國社會片面發展的必然結果，山寨現象是一把雙刃劍，在其積極意義的反面，是中國社會裡消極意義的充分表達。可以說，今日中國的道德淪喪和是非混淆，在山寨現象裡被淋漓盡致地表達了出來。正是基於這樣的社會生態，山寨一詞在中國深入人心之後，也讓抄襲、盜版、模仿、惡搞、誹謗等原本被視為違法的和低級的行為獲得了存在的藉口，在社會輿論和社會心理上逐漸趨向了合理。與此同時，山寨也成為了今日中國使用頻率最高的詞彙之一。所有這些，都在印證中國的一句老話：什麼樣的土壤長什麼樣的莊稼，什麼藤結什麼瓜。

四年前，我在住所樓下的過街天橋上看到了盜版的《兄弟》，我的書和其他盜版書籍一起堆放在地上。賣書的攤販看見我站在他面前，就拿起一本《兄弟》遞給我，熱情地向我推薦此書。我拿著《兄弟》翻閱了一下，就輕易地判斷出這是盜版書，我告訴攤販：

「這是盜版。」

「不是盜版，」攤販認真地糾正我的話，「是山寨版。」

類似的情況我還遇到過一次。今天的中國，有些領域仍然缺乏自由，另外一些領域又自由得令人難以置信。記得二十年前，我在接受記者採訪時可以胡說八道，採訪在報紙上發表時會經過嚴格的審查，會經過大量的刪節；到了十年前，我接受採訪時說話開始小心了，因為我發現自己說了什麼，報紙上就刊登什麼，連「他媽的」這樣的髒話也會出現在報紙上；而現在，我經常瞠目結舌地在媒體上讀到自己從來沒有做過的採訪，是記者編造了我的談話。有一次我見到了一個編造過我談話的記者，我十分嚴肅地對他說：

「我從來沒有接受過你的採訪。」

這位記者以同樣的嚴肅回答我：「這是山寨版的採訪。」

我啞口無言了。這就是我們今天的現實，面對任何不合法或者不合理的事情，只要用上「山寨」一詞，立刻在社會輿論和社會心理上合法合理了。

去年十月，我在歐洲四個國家奔波，差不多每天晚上換一張床睡覺，月底回到北京時疲憊不堪，加上時差的影響，連續兩天精神恍惚，時常覺得自己仍然身處歐洲。我打開電腦，上網去瀏覽一下，看到了一條山寨版新聞：楊振寧教授的妻子翁帆懷孕了。

二〇〇四年，八十二歲的諾貝爾物理獎獲得者楊振寧教授和二十八歲的翁帆結婚以後，一直是山寨版新聞追逐的目標。現在山寨版的新聞編造出了翁帆懷孕的消息，而且是楊振寧接受採訪時透露，楊振寧在山寨版的採訪裡說了不少蠢話，比如他微笑地說，翁帆懷上的孩子已經被證實是他的。這是我十分熟悉的山寨方式。

這條山寨版的新聞對我倒是起到了作用，讓精神恍惚的我一下子清醒了。我確定自己已經回到了中國。

如果將山寨現象假設是社會弱勢群體面對強勢群體的革命行為，那麼這樣的革命在四十四年前的中國曾經大規模地發生過，我說的是文化大革命。

一九六六年開始的文化大革命，毛澤東喊出的「造反有理」的口號，激發出社會弱勢群體的革命本性，他們狂熱地造反了。他們將當時的強勢群體，也就是當權者紛紛打倒。當時中國共產黨傳統的黨委和政府領導機構也在瞬間土崩瓦解，山寨版的領導機構如雨後春筍般地湧現出來，一個人只要拉上一群人，一夜之間就可以成立一個造反司令部，可以自封為總司令。山寨領導機構過多以後，出現了權力上僧多粥少的局面，於是各個造反司令部之間開始了暴力鬥爭。上海的各個造反派之間的鬥爭動用了槍枝彈藥，武漢的造反派更勝一籌，竟然動用了大砲，互相砲擊對方的陣地。山寨領導們為了權力互相進攻，他們之間的武裝衝突，很像是土匪之間的混戰。然後，勝利者收編失敗者的殘部，壯大自己的勢力。

各地黨委和政府的傳統權力體制被文化大革命取消以後，代表著新權力體制的革命委員會紛紛成立，那些在造反派之間的混戰中勝出的山寨版司令們，紛紛搖身一變，成為了正版的革命委員會主任。

為什麼我在討論今日中國的時候總是會回到文化大革命時期？這是因為這兩個時代緊密相連，儘管社會形態已經絕然不同，可是某些精神內容依然驚人地相似。比如我們以全民運動的方式進行了文化大革命之後，又以全民運動的方式進行了經濟發展。

我在這裡要強調的是民營經濟的迅速興起，就像是文革初期一下子出現了無數造反司令部一樣，一九八〇年代中國人以掙錢的狂熱取代了革命的狂熱，一下子出現了無數的民營公司。民營經濟如同是山寨版挑戰正版一樣，大規模地挑戰和衝擊了國有經濟的壟斷地位。這些多如牛毛的民營公司一方面迅速消亡，另一方面又迅速出現，就像革命一樣前仆後繼和轟轟烈烈，也像唐朝白居易詩句裡所描述的那樣：「野火燒不盡，春風吹又生。」中國的經濟奇蹟就是這樣被激發了出來，民營經濟在自生自滅和死而復生的命運裡顯示了它們強大的生存能力，同時也讓僵化和保守的國有經濟被迫去適應市場的殘酷競爭。

草根階層在這三十年的輝煌歷史裡演繹了我們聞所未聞的事蹟，他們在各種渠道裡各自為政，用西方的話來說：條條大路通羅馬；用中國的話來說：八仙過海各顯神通。於是，他們的成功之路稀奇古怪，他們的失敗之路也是稀奇古怪。然後，他們創造了稀奇古怪的社會生態。所以，當「山寨」一詞脫胎換骨，舊詞新義以後，如同軍營裡的集結號把沉睡中的士兵叫醒一樣，立刻喚醒了中國社會二十年發展以來存在已久的各類事物。其壯觀的景象彷彿是有人在廣場上大聲喊叫某個名叫「山寨」的人，結果廣場上所有的人都奔跑了過來，因為他們都改名叫「山寨」了。

奇蹟的不斷產生出來，必然帶來欲望的不斷膨脹。作為中國權力象徵的天安門城樓和作為美國權力象徵的白宮，自然成為了山寨建築熱烈追捧的對象。

山寨天安門城樓和山寨白宮在中國各地不斷出現。有所區別的是，山寨天安門城樓大多是村官們的所作所為，一些富裕起來的村莊，將自己的村委會建造成縮小版的天安門城樓，讓中國官銜體制裡最小的村官們置身其中時，產生自己是國家領導人的美好錯覺。而山寨白宮則是富人們的辦公住宿之處，富人白天坐在山寨版的美國總統橢圓形辦公室裡，手握電話指揮自己的企業員工，晚上拉上漂亮的女祕書，睡進山寨版的林肯臥室。

很多草根階層的窮人在中國三十年的經濟奇蹟裡成為了富豪，他們開始嚮往西方的貴族生活，住進了寬敞的別墅，乘坐豪華轎車，喝名酒穿名牌，說幾句發音難聽的英文。山寨貴族應運而生比比皆是之後，貴族學校和貴族幼兒園，貴族商店和貴族餐廳，貴族住宅和貴族傢俱，貴族娛樂和貴族雜誌……各種各樣冠名以貴族的事物在中國社會裡層出不窮。

我這裡有一個真實的山寨貴族的生活故事。一個富裕起來的草根，給自己蓋了一座豪華別墅，雖然不會游泳，仍然建造了游泳池，他的理論是富人的別墅裡不能沒有游泳池。可是又不能白白浪費游泳池，他就在游泳池裡養起了自己平日裡食用的魚。更為可笑的是，他想到所有五星級酒店最為豪華奢侈的房間是總統套房，就在別墅裡自己臥室的門上貼了一個銅牌，銅牌上刻著「總統套房」。這個土財主就是這樣得意洋洋地享受著山寨貴族的生活。

最後，我要說說自己的山寨故事。

我的第一份職業是牙醫，我是在一九七八年三月獲得了這份工作。在我們中國的過去，牙醫是屬於跑江湖一類，通常和理髮的或者修鞋的為伍，在繁華的街區撐開一把油布雨傘，將鉗子、錘子等器械在桌上一字排開，同時也將以往拔下的牙齒一字排開，以此招徠顧客。這樣的牙醫都是獨自一人，不需要助手，和修鞋匠一樣挑著一付擔子遊走四方。

我是他們的繼承者。雖然我在屬於國家的醫院裡工作，但是我的前輩們都是從油布雨傘下走進醫院的樓房，沒有一個是來自醫學院的畢業生。我所在的醫院以拔牙為主，只有二十多人。病人大多是來自鄉下的農民。農民不叫我們「醫院」，而是叫「牙齒店」。其實他們的叫法很準確，我們的小鎮醫院確實像是一家店，我進去時是學徒，拔牙治牙做牙鑲牙是一條龍學習，比我年長的牙醫我都叫他們師傅，根本沒有正規醫院裡那些教授、主任之類的稱呼。與牙科醫生這個現在已經知識分子化的職業相比，我覺得當初的自己確實是一名店員。

我的師傅姓沈，沈師傅是上海退休的老牙醫，來我們小鎮醫院工作，可以掙些生活補貼，這在當時叫「發揮餘熱」。沈師傅六十多歲，個子不高，身體發胖，戴著金絲框的眼鏡，頭髮不多可是梳理得十分整齊。

我第一次見到沈師傅的時候，他正在給人拔牙，可能是年紀大了，所以他的手腕在使勁時，臉上出現了痛苦的表情，像是在拔自己的牙齒。那一天是我們的院長帶我過去的，告訴他，我是新來的，要跟著他學習拔牙。沈師傅冷淡地向我點點頭，然後就讓我站在他的身旁，看著他如何用棉球將碘酒塗到病人的上顎或者下顎，接著注射普魯卡因。注射完麻醉劑後，他就會坐到椅子上抽上一根菸，等菸抽完了，他漫不經心地問一聲病人：

「舌頭大了沒有？」

當病人說舌頭大了，就意味著麻醉作用已經顯現。他就緩慢地起身，伸手在一個盤子裡選出一把鉗子，開始拔牙了。沈師傅讓我看著他拔了兩個病人的牙齒後，就坐在椅子裡不起來了，他對我說：

「下面的病人你去處理。」

我當時膽戰心驚，自己還沒怎麼弄明白拔牙的全過程，就匆忙上陣了。好在我記住了前面塗碘酒和注射普魯卡因這兩個動作，我笨拙地讓病人張大嘴巴，然後笨拙地完成了那兩個動作。那個病人像是看著鱷魚似的害怕地看著我，讓我緊張的雙手發抖。

在等待麻醉作用顯現的時候，我手足無措，不知道應該做什麼。這時候沈師傅遞給我一枝菸，和顏悅色地和我聊天了，他問我父母是做什麼工作的，家裡有幾個兄弟姊妹。抽完了菸，聊天也就結束了。謝天謝地我還記住了那句話，我學著沈師傅的腔調問病人舌頭大了沒有？當病人說大了。我的頭皮是一陣陣地發麻，心想這叫什麼事，可是我又必須去拔那顆倒楣的牙齒，而且還必須裝著胸有成竹的樣子，不能讓病人起疑心。

第一次拔牙的經歷讓我終身難忘。我記得當時讓病人張大了嘴巴，我也瞄準了那顆準備要拔下的牙齒，可是我回頭看到盤子裡的一排鉗子，大小和形狀都不相同，我傻了，不知道應該用那一把？猶豫了一會兒，我只好灰溜溜地撤下來，小聲問沈師傅應該用哪把鉗子？沈師傅起身上前兩步，往病人張大的嘴巴裡看，問我是哪顆牙齒？那時候我叫不上那些牙齒的名字，我就用手指給沈師傅看，沈師傅看完後指了指盤子裡的一把鉗子後，又一屁股坐到椅子裡去讀報紙了。

當時我有一種強烈的孤軍奮戰的感覺，我不敢去看病人瞪大的眼睛，我比他還要害怕。我拿起鉗子，伸進病人的嘴巴，瞄準後鉗住了那顆牙齒。我很幸運自己遇上的第一顆牙齒是那種已經鬆動的牙齒，我握緊鉗子只是搖晃了兩下，那顆牙齒就下來了。

真正的困難是在第三個病人的口腔裡遇上的，我把牙根弄斷在裡面。坐在椅子裡的沈師傅只好放下他悠閒的二郎腿和手中的報紙，親自來處理那根斷在下骸骨裡的牙根。挖牙根比拔牙麻煩多了，那一次沈師傅挖得滿頭大汗。後來我自己會處理斷掉的牙根後，沈師傅的好日子才算正式開始。

當時我們的科室裡有兩把牙科椅子，我通常都是一次叫進來兩個病人，讓他們在椅子上坐下後，然後像是托拉斯（Trust，直譯為「商業信託」，在此有合併的意思）似的，同時給他們塗碘酒和注射麻醉劑，接下去的空閒裡我就會抽上一根菸，等菸抽完了，就會問一聲：

「舌頭大了沒有？」

通常是兩個病人同時回答：舌頭大了。我又托拉斯似的給他們挨個拔牙，接著再同時叫進來兩個病人。

那些日子我和沈師傅配合的天衣無縫，我負責叫進來病人和處理他們的病牙，而沈師傅則是坐在椅子裡負責寫病歷開處方，只有遇上麻煩時，沈師傅才會親自出馬。隨著我拔牙手藝的日漸精湛，沈師傅出馬的機會也是愈來愈少。

多年以後，我成為了一名作家。西方的記者總是好奇我此前的牙醫經歷，他們十分驚訝，我只是中學畢業，沒有接受過任何醫學方面的教育，直接就去給病人拔牙。我思忖很久，告訴他們：

「我曾經是一個赤腳醫生。」

赤腳醫生是毛澤東時代的發明，就是在農民中間選擇有些文化的人，經過簡單的醫學指導，就讓他們揹上藥箱成為了醫生。為什麼叫赤腳醫生？因為對於這些農民醫生，從醫只是兼職工作，他們的本職工作還是赤裸雙腳下到田裡幹活。當他們身邊的農民們出現小的傷病時，他們可以立刻給予簡單的治療。如果是較為嚴重的傷病，赤腳醫生就會將病人送往醫院。

我知道「赤腳醫生」的回答不夠準確，雖然我在醫學知識方面和這些赤腳的農民醫生不相上下，可是我畢竟是在專職從事牙醫工作。問題是我在很長時間裡都找不到準確描述自己第一份職業的詞彙，直到近年來「山寨」這個詞彙在中國風行起來以後，我終於可以準確地回答西方記者了，我說：

「我曾經是一個山寨牙醫。」

忽悠

什麼叫忽悠？最初的意思是飄忽不定，比如漁船在海浪上起伏和樹葉在風中搖晃。然後成為了俗語，在中國的東北地區流行。作為俗語的「忽悠」，來自於同樣發音的「胡誘」，就是胡亂誘導的意思。就像流行病不斷出現病毒變異，「忽悠」在此後的詞彙生涯裡變異出了令人眼花撩亂的含義。誇誇其談和譁眾取寵叫忽悠，巧設陷阱和引人上當也叫忽悠。前者擁有了吹牛、鼓動和慫恿的意思，後者表達了胡說、謠傳和欺騙的意思。還有戲謔和戲弄的意思，無中生有和投機取巧等等意思。

在今日中國，忽悠已是漢語中的詞彙新貴，其江湖地位可與山寨相媲美。這兩個都是詞彙中的暴發戶，不過它們的發跡史有所不同。山寨現象是以集體主義的方式，如雨後春筍般湧現出來；忽悠的風行源自於個人英雄主義，這個英雄就是中國最具影響的笑星，來自東北的趙本山。趙本山在其著名的喜劇小品《賣拐》中隆重推出了「忽悠」一詞，他聲稱：「我能把正的忽悠斜了，能把蔫的忽悠謔了，能把尖人忽悠囁了，能把小倆口過的挺好，我給他忽悠分別了。今天賣拐，一雙好腿我能給他忽悠瘸了！」《賣拐》的故事就是透過層層的忽悠，也就是設下一個接著一個的心理陷阱，將欺騙、鼓動、慫恿和胡說等等發揮的淋漓盡致，讓一個雙腿健康的人真的覺得自己是個瘸子了，從而花錢買下了一付價高質次的枴杖。

這齣令人捧腹大笑的精彩喜劇小品，幾年前在CCTV收視率最高的春節聯歡晚會播出後，「忽悠」一詞立刻風靡中國。一石激起千層浪，讓中國社會中存在已久的吹牛、鼓動、慫恿、胡說、謠傳、欺騙、戲謔、戲弄等等現象在忽悠的詞義海洋裡波瀾壯闊起來；同時，社會中的不正經、惡作劇和開玩笑的情緒也在忽悠裡大張旗鼓了。原來的貶義詞投奔到忽悠門下後，紛紛獲得了中性詞的身分。

趙本山讓中國的男女老少們張口閉口都是「忽悠」了。「忽悠」好似口水一樣存在於人們的嘴裡，又像唾沫一樣從嘴裡噴射出去。政治、歷史、經濟、社會、文化、記憶、情感、欲望等等都可以在忽悠裡翩翩起舞。忽悠成為了一把詞彙的萬能鑰匙，在進入詞庫之時，可以將與此相關的詞義之門一扇一扇地打開。

當然，忽悠並不總是消極的，也有積極的時候。當有人回首往事之時，忽悠一詞可以用來修正此前貶義的欺騙。我的母親就是如此。

一九五〇年代後期，毛澤東為了徹底消滅血吸蟲病，將城市裡的醫生護士們組織起來，組成了一支支醫療隊，當時叫防疫大隊，奔赴缺醫少藥和貧困的農村，免費為農民們治療血吸蟲病。

我父親當時居住在美麗的杭州，他在浙江省防疫站工作。我父親一輩子只念了六年書，三年是私塾教育，另外三年是正規的大學教育，中間的課程是他在共產黨的部隊裡當衛生員時自學的。他在戰爭中繳獲了一本字典，就在行軍的途中，一邊走路，一邊記著生詞。他所在的部隊一路打到了中國南方的福建省，然後又返回浙江杭州，轉業到地方的醫院工作，成為了一名男護士。他在那裡認識了一名女護士，就是我的母親。我母親教他學習數學、物理和化學，然後他憑藉自己不懈的努力考上了浙江醫科大學，是三年的大專學業。他在浙江醫科大學畢業後，不想繼續在省防疫站工作，他最大的願望是當上一名外科醫生。可是他沒有權利選擇自己的工作，領導要他去防疫站，他只能去那裡工作。

就是在這樣的背景下，我父親加入了防疫大隊，邁出了成為外科醫生的第一步。這個強烈的願望使他不惜放棄在杭州的生活，他作為防疫大隊的隊長來到了嘉興地區後，打算離開防疫大隊，進入嘉興的醫院。可是嘉興的領導卻希望他去擔任嘉興地區衛生學校的教務長，我父親拒絕了，來到更小的地方海鹽縣。海鹽剛剛創辦了縣醫院，沒有一個外科醫生，我的父親終於如願以償。

我父親在海鹽的醫院裡盡顯才華，他給很多血吸蟲病的患者進行脾臟切除手術。這可是大手術，在大城市的大醫院裡，都是腹部外科裡的主任醫生主刀，而且幹得滿頭大汗，一次手術需要七、八個小時。我父親在海鹽的醫院裡每天切除四、五個患者的脾臟，熟能生巧之後，一次脾臟切除手術也就是三、四個小時左右。

那時候母親帶著我和哥哥仍然生活在杭州，我母親在環境優美的浙江醫院工作，而且她喜愛杭州，喜愛美麗的西湖，她不願意離開杭州。

我父親在每天切除了幾個脾臟之後，就會坐在手術室外面的小辦公室裡，用處方紙給我母親寫信，他在信中把海鹽描述的像是天堂一樣。我沒有讀到過這些信，不過在我離開海鹽到北京生活後，從父親給我的來信裡，我發現父親的文筆不錯。可能就是這不錯的文筆，用描述杭州的筆調，描述了當時又破又小的海鹽。父親接連不斷的花言巧語，讓我母親信以為真，以為海鹽是一個縮小版的杭州，她決定放棄在杭州的生活，帶著哥哥和我來到了海鹽。這對我母親來說，是一個勇敢的選擇。中國社會裡嚴酷的戶籍制度，在過去那個時代裡，讓一個人只能在一個地方生活工作，只有死亡可以讓這個人離開，就像是一枚鐵釘被永久地釘在那裡，直到生銹斷裂後才會獲准離開。我母親放棄了她在杭州的戶口，也將我和哥哥在杭州的戶口放棄了，這在當時意味著我們永遠失去了杭州。我母親帶著她的兩個兒子坐上前往海鹽的長途汽車時，踏上的是一條有去無回的路。

那年我三歲，我相信母親拉著我和哥哥的手，走出海鹽的長途汽車站時，她內心的失落難以言傳。她見到的真實的海鹽，與我父親信裡描述的海鹽毫不相干。後來，她經常用一句話來概括她初到海鹽時的感受，她說：

「連一輛自行車都看不到。」

我母親有時候會說起我們在杭州時的生活片斷，她都是帶著懷念的情緒去說，說到我們住過的房子和周圍的景色時，她的臉上就會出現幸福的神色。這時候，我就會沉浸到無限遐想之中，我們在杭州曾經有過的短暫的美好生活，早已被我的記憶抹去，卻在母親的講述裡被重新描繪出來，成為我童年和少年時期想像中最為美好的部分。

我母親每次講述結束後，就會忍不住抬起手，指著我父親說：

「是你把我們騙到海鹽的。」

現在，我母親重提舊事之後，不再說「騙」這個字了，她找到了一個更加準確的詞彙。她說：

「是你把我們忽悠到海鹽的。」

忽悠一詞就是這樣，在中國迅速深入人心。如同山寨讓模仿和盜版有了全新的含義，忽悠也給欺騙和謠傳披上了合理的外衣。

去年，在北京奧運會開幕前十多天，一家地方報紙捅出了一條驚人的新聞，報導開篇說：「北京的八月將是全世界最熱鬧的地方，不但全世界最頂尖的運動員聚集北京，全世界眾多富豪也把來北京看奧運視為一種時尚，並早已訂下了套票，這其中就有美國的世界首富比爾．蓋茨。不過，這位已將數百億美元家產投入到慈善事業的軟體巨人，這次不會在北京住酒店了，他為自己選擇了一個離水立方不到一百八十米的空中四合院，推開四合院窗戶向外眺望，晶藍的水立方（國家游泳中心）與雄渾的鳥巢（國家體育場）一覽無遺……」

世界首富比爾．蓋茨為了觀看奧運會，花一億元人民幣租下了一套空中四合院。報導忽悠道：「四合院分兩層，面積大約七百多平方米。不過，就算你跟比爾．蓋茨一樣有錢，你也買不到，那裡的四合院只租不賣，比爾．蓋茨也只能年租而已，不過一年的租金，高達一億元。『我們不租短期，租期至少是一年，而租費是一億元。』銷售部的易小姐向記者解釋道。」

報導的方式是採訪這家新開樓盤（房地產）的售樓小姐。售樓小姐喜氣洋洋地介紹了比爾．蓋茨出手如何闊綽以後，更多的篇幅是介紹了這家新開樓盤如何氣派和高貴。報導稱「整個建築象徵昂首飛翔的『白色巨龍』，氣勢恢弘，氣韻生動，與龍脈相呼應。」報導還添加上神祕主義的一筆，據說是在「高人指點下」，這座建築才「從平淡無奇的樓盤晉升為極有象徵意義的頂級樓盤」。

報導繼續忽悠：「據悉，目前已有不少豪富下了訂單，『比爾．蓋茨已經付了租金，但其他的人，我不方便透露姓名，現在已經有客戶入住了。』異常謹慎的易小姐還無意中透露，四合院並沒有全部租出。『四合院還有空位，如果想要租用，現在仍然還有機會。』當記者問她能否租到蓋茨旁邊的四合院時，易小姐回答：『有這個可能。不過如果想要租四合院，必須先將公司的情況傳真過來，並得到有關部門的審核之後，才能到四合院進行參觀，至於能否住到蓋茨先生四合院的旁邊，只有履行了第一步才能往下談。』」

新聞一出，中國的一些主流媒體和非主流媒體立刻紛紛轉載，我想起碼超過一億人知道了北京這家新開樓盤。然後消息傳到了美國，比爾和梅林達．蓋茨基金會正式給中國的媒體寫信，聲明這個消息是假的。幾天以後，微軟中國公司的董事長張亞勤先生在一個新聞發布會上暗示，這條假新聞是房地產開發商利用奧運會和比爾．蓋茨的炒作行為。

在幾家媒體的追問下，房地產開發商聲稱這條新聞不是他們發布的，是媒體自己虛構出來的，而最初發表這條新聞的媒體則堅持說是採訪了售樓小姐，才得到了這條新聞。房地產開發商和那家地方媒體還在互相推諉之時，已經沒人關注謠傳究竟出自哪方？儘管媒體還在繼續報導這起名揚全國的忽悠事件，不過接下來卻迷上了計算：比爾．蓋茨如果花一億元人民幣租下這個頂層四合院的話，每平方米的租金高達五十萬元人民幣。這是一個荒唐的數字，就是買下這個房子，每平方米五萬元人民幣也應該夠了。計算的結果出來後，媒體紛紛感嘆，將其推舉為「二〇〇八年最為頂級的忽悠」。

今天中國的媒體上到處充斥著類似的假新聞，因為很少有人會去追究假新聞的法律責任。發布這樣的假新聞屬於欺騙行為，但是在中國，人們認為這只是忽悠而已。忽悠在這起事件上既有欺騙的含義，也有炒作的含義，並且還有一些娛樂性的意思，總之是不要去認真對待。

我倒是從這個事件中發現了忽悠裡的槓桿作用，將北京奧運會和比爾·蓋茨作為槓桿，將一個不為人知的樓盤一夜之間就忽悠成了全國家喻戶曉的樓盤。

槓桿在經濟學家這裡，只是貨幣政策，只是收益和損失的風險控制。槓桿在資本市場上，只是支付少量的金額就可能完成大筆金額的交易。用中國人的話說叫「四兩撥千斤」，用古希臘阿基米德的話說：「假如給我一個支點，我就能把地球挪動！」

了不起的中國人將槓桿用到了日常生活的忽悠裡，忽悠在今天的中國無處不在，這樣的槓桿作用自然也是無處不在。

比如中國的出版商和作者，喜歡拿美國好萊塢作為槓桿來忽悠媒體和讀者。幾年前一部剛剛出版的中文小說，還沒有翻譯成英文出版，就在中國的媒體上廣為忽悠：美國好萊塢要投資三億美元將其拍攝成電影。就在我心裡納悶，沒有聽說好萊塢哪部電影的投資達到三億美元時，忽悠的槓桿已經到達八億美元了。幾年前有兩部小說在槓桿作用的忽悠下確實成為了暢銷書，這兩部小說都是聲稱好萊塢要投資八億美元拍攝電影，另外聲稱三億美元投資的小說沒有暢銷，我想可能是沒有用好忽悠的槓桿，沒有做到四兩撥千斤，四兩只是撥了四百斤。既然是忽悠了，就應該愈大愈好。中國人說，吹牛不用交稅。反正不用交稅，為何不將牛皮吹到最大？

一九五八年大躍進時流行過的一句話，可以說是揭示出了忽悠的本質，這句話是：

「人有多大膽，地有多大產。」

什麼是忽悠的槓桿？我想，在中國人這裡就是一句俗語：

「撐死膽大的，餓死膽小的。」

我再說一個將CCTV作為槓桿把自己忽悠成富豪的故事，這是一個民間企業家的發跡史。應該是近二十年前的事了，當時的中國還沒有進入網絡時代，不過已經是一個充滿了廣告的國度。電視上和報紙裡的廣告已經是五花八門，廣告可以說是多方面、多層次、多功能和多極化，進口廣告、國產廣告、高雅廣告、低俗廣告、暴力廣告、情色廣告等等應有盡有。城市夜晚的霓虹燈和高速公路兩側的看板發布的是正規企業的廣告，同時不合法的地下企業則將小紙片的廣告貼滿了電線杆和人行天橋的台階。我的感覺是廣告鋪天蓋地，其壯觀程度已是文革時期的大字報望塵莫及。

那時候最為昂貴的廣告時段，來自CCTV每晚七點《新聞聯播》前的五秒鐘。CCTV剛剛開始用競價拍賣的方式出售這五秒鐘，屬於最初的嘗試和摸索階段，對前來參加競價的企業不做任何資質調查，即便是一個乞丐，換上一身西裝後，也可以走進去以億萬富翁的笑容舉手報價。某個企業一旦以最高的價格中標，立刻被全國大大小小的媒體稱之為「標王」，其「標王」的廣告效應遠遠超過那個《新聞聯播》前的五秒鐘。

我說的這位民間企業家當時大概只有幾十萬人民幣的資產，他覺得再這麼小打小鬧地做生意，就是把自己累死了，也最多只是一個百萬富翁。他靈機一動，發現ＣＣＴＶ的五秒鐘「標王」是一個千載難逢的商機，他像其他中國草根企業家那樣膽大妄為，只是在腦子裡設想了某個產品，就獨自一人來到北京。

他低調地走進了ＣＣＴＶ廣告「標王」的競拍會場，置身於身價億萬的民間企業家和財大氣粗的國有企業家之間，十分謙虛地坐在最後一排。競拍開始後，他低垂著頭瞇縫著眼睛像是在打瞌睡，只要聽到還有企業在競價，他就舉一下右手，報出更高的價格。競價愈來愈高，其他企業逐漸退出，他還在那裡不斷舉起右手，一副無所謂的模樣。最後他以八千萬人民幣的天價拿下了ＣＣＴＶ的廣告「標王」。

這個只有幾十萬資產的小財主，帶著八千萬人民幣的「標王」，回到了他所在的小城市。他不慌不忙地找到了市委書記和市長，面帶謙恭的微笑，對市委書記和市長說：

「我把中央電視台八千萬元的『標王』給全市人民捧回來了，可是我只有幾十萬資產，怎麼辦？你們要是支持我，我們這個小城市就出了一個全國著名的企業家；你們要是不支持我，我們這個小城市就出了一個全國最大的騙子。」

他臨走時扔下一句話：「你們看著辦吧。」

當時中國的地方官員們一味地追求GDP的增長，官員們都盼望著自己的管轄之地出現全國著名的企業家，可以作為自己升官時的政績；如果出現了一個全國最大的騙子，就會直接影響當地官員的仕途。於是，市委書記和市長緊急召開會議，經過認真討論，決定讓當地的商業銀行給這位捧回「標王」的小財主兩億人民幣的貸款。這是中國特色的貸款，那個時候中國的商業銀行的地方分支機構常常聽命於地方政府。

就這樣，這位小財主兩次利用了忽悠的槓桿，先是CCTV廣告「標王」的槓桿，其後是中國政府官員虛榮之心的槓桿，四兩撥千斤地獲得了兩億人民幣。然後他繼續忽悠，把自己忽悠成了全國著名的企業家。

忽悠的故事正在接踵而至，我繼續講述。先講群眾如何忽悠政府的兩個故事，再講政府如何忽悠群眾的兩個故事。

我已經在前面闡述了忽悠裡的槓桿作用，對於中國社會裡最為普通的群眾來說，他們沒有想成為權貴的野心，也不夢想自己會一夜暴富，他們知足常樂。所以當他們忽悠政府的時候，槓桿作用也就是四兩撥千斤，小獲成功就會滿心歡喜。而且他們忽悠時，總是在自己身上尋找忽悠的槓桿。因為他們沒有地位顯赫的親友，也沒有廣泛的社會關係，他們在生活裡只有家庭和婚姻，所以就常常拿自己的家庭和婚姻作為忽悠的槓桿。我下面要講述的群眾忽悠政府的兩個故事，都是利用自己的婚姻作為忽悠的槓桿。

大約在三年前，某城市教育局為了提高本地的教師品質，從而讓本市的高中畢業生在全國的高考裡更具競爭力，推出了一項舉措，就是全市的中學教師都要參加教師資質考試。合格的可以繼續從事教育工作，不合格的被淘汰出局。與此同時，教育局本著人道主義的立場，考慮到有些教師因為喪偶或者離婚後，單獨一人帶著孩子，既要忙於教學工作，又要照顧孩子，生活十分艱辛，所以在推出這頂舉措時另行規定：喪偶和離婚後帶有孩子的教師免考。

自從我的兒子升入中學以後，我才體會到中國教育體制裡考試的殘酷性。我的兒子幾乎每天都在應付考試，什麼早讀練習、統練、小考、月考，還有期中考試和期末考試。中國中學裡的考試名目繁多，中學生從跨進校門的那一刻起，就開始被訓練成一台台考試機器。可是這些每天都在訓練學生如何考試的教師們，突然間自己也要面對考試了，個個驚慌起來，還沒有跨進考場，我想這些教師們的雙腿可能已經發軟。

然後，這個規模不大的城市裡的教師們開始了大規模的忽悠行動。喪偶和離婚後帶有孩子的教師可以免除考試的規定，讓這些教師們充分利用起自己婚姻的槓桿，來忽悠教育局的教師資質考試。他們紛紛去辦理離婚手續，用假離婚來逃脫教師資質考試。等到考試結束以後，再去辦理複婚手續。當地的市民看到這些教師們戲劇性的離婚和複婚，以此來忽悠政府時，發出了由衷的讚揚，他們互相說：

「這就是群眾的智慧。」

無論是在街道上，還是在學校裡，這些教師們見面後，第一句話就是打聽對方離婚了沒有？於是，這座小城市流行起了這樣的見面問候語：

「你離婚了嗎？」

最終參加教師資質考試的不足百分之三十，而且這裡面大多是未婚的教師，或者是已婚後還沒有孩子的教師，當然也有一些自信能夠通過考試的教師。考試結束以後，大規模的複婚行動開始了，教師們每天的見面問候語也改成了：

「你複婚了嗎？」

另外一個群眾利用婚姻槓桿來忽悠政府的故事發生在農村，這是中國城市化進程裡屢見不鮮的事例。

中國長期以來有著嚴格的戶籍制度，城鎮戶口和農業戶口。一九八〇年代起，中國的城市迅速擴張以後，城市周邊大量的農村土地被政府徵用，農民的戶口從農業轉成非農業，中國簡稱為「農轉非」。農民們在失去土地的同時，也失去了他們幾代居住的房屋。作為賠償農民的原有住房被拆除的損失，政府將農民們遷往城裡新建的樓房裡居住。

每一位遷往城市居住的農民應該獲得多少面積的賠償，這是一個非常複雜的計算過程。與農民原來的住房面積有關，也與家庭人口的多少有關，最重要的是和婚姻有關。於是，結婚和離婚，再結婚再離婚成為了很多農民忽悠政府的槓悍。

幾年前，中國西南地區某鎮農民們的土地被徵用以後，為了農轉非的分房，為了獲得更多的利益和更多的賠償，幾乎百分之九十五的家庭故意假離婚，然後再找其他人假結婚。這樣短時間裡的大規模假離婚和假結婚，讓蓋章的部門應接不暇。辦事處的工作人員幾個月裡受理的離婚和結婚案子，比幾年裡受理的還要多。

在這次群眾運動似的婚姻忽悠裡，奇聞怪事層出不窮。一位老太太已經老得不能走路了，突然交上了忽悠桃花運，在幾個月內，被三個不同的年輕男子揹到了辦事處，領了三次結婚證。老太太還沒有完全明白過來是怎麼回事？就已經擁有了三次不同的婚姻，而且三個年輕的丈夫看上去都不錯。

有一個男人假離婚後，不願再和前妻複婚。先是尋找理由搪塞，不肯去辦理複婚手續；然後用上了拖延戰術，可是前妻意志堅定，一定要和他複婚。他只好吐露真話：

「我早就想和你離婚了，這次終於有個好機會忽悠你離婚了。」

一位老爺爺也在忽悠裡交上了桃花運，他和一位年輕姑娘假結婚。然後，他死活不肯離婚了。不管年輕姑娘如何哭泣哀求，甚至願意給予經濟上的補償，老爺爺都是無動於衷。親友們紛紛前去充當說客，對他說：

「這本來是假的，你怎麼可以當真的呢？」

這位老爺爺十分真誠地說：「我對她是一見鍾情啊！」

群眾忽悠政府的時候，政府也在忽悠群眾。過去的三十多年，中國從計畫經濟裡蛻變出了市場經濟，出現了一個顯著的標誌，就是一些地方政府熱衷起了一系列的拍賣活動。比如將道路、橋樑、廣場，以及住宅區和高層建築有償命名，進行公開拍賣，出錢最多的企業可以冠名。二〇〇六年，某城市決定拍賣市區地名，市政府正式發出公文，沒想到立刻招來群眾的一片罵聲，有群眾說：「如果把地名賣了，以後大家還記得路嗎？」還有的群眾諷刺道：「我們家會不會變成『婦炎潔』小區？今後給朋友的信上是不是要寫上『腦白金』路？」婦炎潔是消毒殺菌藥水，專用於清洗女性陰道；腦白金是口服藥，據說是可以治療失眠。最具有荒誕色彩的是有群眾建議，乾脆把城市的名字也賣了，最好賣給美國可口可樂公司，以後就叫「可口可樂市」。

政府官員出來解釋：「地名有償使用只是政府的一個想法和提議，目前，並沒有真的開始實施。至於目前市民們存在的種種擔心，是完全沒有必要的。即便將來正式實施有償命名，也會遵循相關的法律規定，不可能隨隨便便就讓企業命名。」

這起地名拍賣事件迫於社會輿論的壓力，後來沒有了結果。不過地方官員們談及此事時，都是振振有詞，聲稱現在是市場經濟時代了，應該按市場規律辦事，應該進行市場化運作。這些年來，「市場化運作」已經成為了地方政府官員們的口頭禪，有時候也成為了地方政府忽悠群眾的槓桿。

下面我要說的兩個匪夷所思的故事，都是地方政府以「市場化運作」作為槓桿來忽悠群眾的。

第一個故事發生在西南某城市，該市城管局可能是為了更好的管理流動攤販，從而讓政府收取更多的管理費用。城管局發布公告，向攤販們拍賣人行道的經營權。人行道是專供人們行走的道路，如果拍賣給了攤販，攤販們的貨物占據了人行道以後，難道要讓行人走入車道？讓行人在快速行駛的車輛之間快速奔跑？我讀到這條新聞的時候目瞪口呆，我向一位政府官員講述此事，可是這位官員不以為然，他認為我是過度反應，他絲毫不覺得這事的荒唐，他說：

「很多地方的城管局都在拍賣人行道。」

第二個故事發生在華中某城市，市政府有關部門規定，吉祥號門牌號碼可以花錢買。中國人十分迷信數字中的「6」和「8」，認為「6」代表著一切順利，「8」代表著發財致富。於是有人花錢賣下了「6」、「66」、「666」、「6666」和「8」、「88」、「888」、「8888」這樣的門牌號碼，然後部分城區街道的門牌編號一片混亂，不再是正常順序的編號。可以設想一下，當我們步入一條門牌號碼混亂的街道時，如果左邊是單號，右邊是雙號的話，那麼在左邊的3號和7號之間不是5號了，而是一個8888的巨大號碼；同樣的道理，當右邊的門牌來到792號和796號之間時，出現的也不會是794號，很可能是一個6的小數字號碼。如果行走在這樣的一條街道裡，我將會啼笑皆非。

人行道的拍賣和吉祥號的門牌號碼可以花錢買，讓這兩個城市的群眾議論紛紛罵聲一片，可是地方官員卻是大言不慚地忽悠道：

「這是市場化運作。」

我們彷彿是在閱讀一篇荒誕小說，在一個名叫「可口可樂」的城市裡，沒有人行道，因為人行道被攤販的小舖子占領了，人們身手敏捷地穿梭在急駛的車輛縫隙裡，個個都像中國功夫電影裡的人物。街道、橋樑、廣場和住宅區的名字稀奇古怪，比如「黑妹牙膏街」、「第六感避孕套橋」、「三鹿奶粉廣場」、「AB內衣小區」等等。這座城市的地名雲集了中國各行各業的眾多品牌，吃的、穿的、用的、住的、出行的、做愛的和生育的……應有盡有。街道的門牌號碼是混亂的，沒有順序，進入某個街道就像是進入了某個迷宮，你可能永遠都無法找到你想找的人。這時候，荒誕小說散發出了神祕主義的氣息。我想，卡夫卡和博爾赫斯（阿根廷作家）也許十分樂意生活在這樣的城市裡。我又想，也許以後我會寫出一篇這樣的小說。書名可能是：忽悠之城。

有關忽悠的故事可以在此連篇累牘。因為忽悠已經滲透到了我們生活的方方面面，如果有外國元首來中國訪問，人們會說「到中國來忽悠了」；如果中國領導人出訪外國，人們會說「到外國去忽悠了」。一位商人去洽談生意，他會說「去忽悠」；一位學者去演講，他也會說「去忽悠」。人際交往可以叫忽悠，「我把他忽悠成朋友了」；談情說愛也可以叫忽悠，「我把她忽悠得愛上我了」……就是「忽悠」之父的趙本山，也被忽悠了一把。兩年前，一條短信在中國上億的手機裡出現：「你那邊有沒有電視啊？現在快點看ＣＣＴＶ一台，趙本山被炸死了，警察封鎖了東北，十九人死亡，十一人失蹤，一人被忽悠！」

所謂的「一人被忽悠」，就是正在收看短信的這個人。

有一次，我和一位朋友出差在外。晚上入睡之前，這位朋友向我要了兩片安眠藥，他說自己不會吃下這兩片安眠藥，而是將它們放在床頭櫃上，可以起到精神上的安定作用。說完，他笑著補充道：

「可以把自己忽悠睡著了。」

忽悠還可以重新定義文學作品，唐朝詩人李白形容瀑布的著名詩句「白髮三千丈」，曾經是中國文學史上表達想像力的典範，如今人們的評價是：

「李白真能忽悠。」

忽悠似乎成為了某種時尚元素。這兩年，中國一些城市的中小學生之間竟然流行起了購買忽悠證，尺寸大小和駕駛證一樣。在城市的街邊和人行天橋上，攤販們嗓音響亮地叫賣道：

「忽悠證！一元一本忽悠證！一本忽悠證在手，忽悠天下無敵手。」

打開忽悠證，上面印著：「茲證明某某同志具有獨特的忽悠手法、豐富的忽悠經驗、高明的忽悠手段，讓人防不勝防，特發此證。」發證機構為：「全國忽悠委員會辦公室」。與中國其他類型的證件一樣，忽悠證上面也是像模像樣地蓋著一枚圓形公章。中小學生購買忽悠證以後，互相見面時，從口袋裡掏出忽悠證亮一下，像是好萊塢電影裡FBI亮出特工證一樣，中小學生們覺得很帥，很刺激。

忽悠一詞的迅速風靡起來，與山寨類似，同樣顯示了當代中國社會倫理道德的缺失和價值觀的混亂，也是中國社會最近三十年片面發展之後引發的後遺症之一，而且忽悠現象在其社會生活方面的廣泛性更甚於山寨現象。當忽悠大行其道之時，我們也就生活在一個不認真的社會裡，或者說生活在一個不講原則的社會裡。

我的擔心是，當忽悠堂而皇之地成為人們的生活方式之時，無論是一個人，還是一個國家，都有可能成為忽悠的受害者。我的意思是說，忽悠者最終很可能忽悠了自己。用中國的俗話說，搬起石頭砸了自己的腳。

我相信每個人都可能有過這樣的經歷：想去忽悠別人，到頭來卻是忽悠了自己。我當然也不會例外，回首自己的忽悠往事，我發現這樣的經歷為數不少。在此舉出一例。

我記憶裡最初的忽悠對象是我的父親。當父親要我去做什麼事，我又不願意去做的時候，或者我做錯了什麼，父親準備懲罰我的時候，我常常利用假裝生病的槓桿。這在過去叫欺騙，現在應該叫忽悠了。

我想，欺騙或者說是忽悠父母，可能是每一個孩子的天性。那時候我已經上小學了，我意識到父親和我之間的美妙關係，也就是說父親是我的親人，即便我傷天害理，他也不會置我於死地。我最早的裝病是從一個愚蠢的想法開始的，現在我已經忘記了究竟是什麼原因促使我裝病，我只記得是為了逃脫父親對我的懲罰。我假裝發燒了，搖搖晃晃地走向發怒的父親，去忽悠父親。

父親聽完我對自己疾病的陳述後，第一個反應——幾乎是不假思索的反應就是將他的手伸過來，貼在了我的額頭上。那時我才想起來自己犯了一個致命的錯誤，我竟然忘記了父親是醫生。我心想完蛋了，我不僅逃脫不了前面的懲罰，還將面對新的懲罰。

幸運的是我的忽悠竟然蒙混過關。當我父親洞察秋毫的手意識到我根本沒有發燒時，他沒有想到我是在忽悠他，而是對我整天不活動表示了極大的不滿。他怒氣沖沖地訓斥我，警告我不能整天在家裡坐著或者躺著，應該到外面去跑一跑，哪怕是曬曬太陽也好。接下去他明確告訴我，我什麼病都沒有，我的病是我不愛活動。然後他讓我出門去，愛幹什麼就幹什麼，兩個小時以後再回來。

我父親的怒氣因為對我身體的關心一下子轉移了方向，使他忘記了我剛才的過錯和他正在進行中的懲罰，突然給予了我一個無罪釋放的最終裁決。我立刻逃出家門，然後在一個很遠的安全之處站住腳，滿頭大汗地思索著剛才的陰差陽錯，思索的結果是以後不管出現什麼危急的情況，我也不能假裝發燒了。

於是，我有關疾病的表演深入到了身體內部，在那麼一、兩年的時間裡，我經常假裝肚子疼，確實起到了作用。由於我小時候對食物過於挑剔，所以我經常便祕，這在很大程度上為我的肚子疼找到了藉口。每當我做錯了什麼事，我意識到父親的臉正在沉下來的時候，我的肚子就會疼起來。

剛開始的時候我還能體會到自己是在裝疼，後來竟然變成了條件反射，只要父親一生氣，我的肚子立刻會疼，連我自己都分不清疼痛是真是假。不過這對我來說已經不重要了，重要的是我父親的反應，那時候我父親的生氣總會一下子轉移到我對食物的選擇上來，警告我如果繼續這樣什麼都不愛吃的話，我面臨的不僅僅是便祕了，就是身體和大腦的成長都會深受其害。又是對我身體的關心使他忘記了應該對我做出的懲罰，儘管他顯得更加氣憤，可是這類氣憤由於性質的改變，我能夠十分輕鬆地去承受。

我裝病的伎倆逐漸變本加厲，到後來不再是為了逃脫父親的懲罰，開始為擺脫掃地或者拖地板這樣的家務活而裝病了。有一次我弄巧成拙，當我聲稱自己肚子疼的時候，我父親的手摸到了我的右下腹，他問我是不是這個地方，我連連點頭，然後父親又問我是不是胸口先疼，我仍然點頭，接下去父親完全是按照闌尾炎的病狀詢問我，而我一律點頭。其實那時候我根本弄不清是真疼還是假疼了，只是覺得父親有力的手壓到那裡，那裡就會發出疼痛，好像是父親喊叫我的名字，我就會答應一樣。

然後，在這一天的晚上，父親把我揹在身上，走出了家門。我懵懵懂懂地趴在父親的背上，不知道接下去會發生什麼？直到父親揹著我走進醫院的手術室，我才預感到大事不妙了。當時我心裡充滿了迷惘，父親堅定的神態使我覺得自己可能是闌尾炎發作了，可是我又想到自己最開始只是假裝疼痛而已，儘管後來父親的手壓上來的時候真的有點疼痛。我的腦子轉來轉去，不知道如何去應付接下去將要發生的事。父親把我放在了手術台上，我記得自己十分軟弱地說了一聲：

「我現在不疼了。」

父親把我摁在了手術台上，兩個護士用手術台上的皮帶將我的手腳綁住。我這時候拚命掙扎起來，大聲喊叫：

「我現在不疼啦！」

我希望他們會放棄已經準備就緒的手術，可是他們誰都沒有理睬我。我繼續喊叫：

「我要回家！讓我回家！」

那時候我母親是手術室的護士長，我記得她將一塊布蓋在了我的臉上，在我嘴的地方有一個口子，我就在這個口子裡發出聲嘶力竭的叫聲，表明我拒絕手術的決心。我的手腳被綁住了，只好扭動身體來加強自己的反抗。我聽到母親的聲音，她讓我不要喊叫；她警告我，如果我繼續喊叫，我可能會噎死的。我嚇了一跳，不明白為什麼喊叫會噎死？就在我停止喊叫，思考這個複雜的問題時，發苦的麻醉粉末倒進了我的嘴裡，沒過多久我就什麼都不知道了。

等到我醒來的時候，我已經睡在家裡的床上了，我感到哥哥的頭鑽進了我的被窩，又立刻縮了出去，連聲喊叫著：

「他放屁啦，臭死啦。」

然後我看到父母站在床前，他們因為我哥哥剛才的喊叫而笑了起來。就這樣，我的闌尾被割掉了，而且當我還沒有從麻醉裡醒來時，我就已經放屁了，這意味著手術很成功，我很快就會康復。

多年以後，我曾經詢問過父親，他當時打開我的肚子後看到的闌尾是不是應該切掉？我父親斬釘截鐵地告訴我：

「應該切掉。」

我關心自己的闌尾當時是不是真的發炎了？父親用模稜兩可的語氣回答：

「好像有一點紅腫。」

我心想「好像有一點紅腫」是什麼意思？儘管父親承認這「好像有一點紅腫」就是不吃藥也沒有關係，可是他堅持認為手術是最為正確的方案。因為對那個時代的外科醫生來說，不僅是「好像有一點紅腫」的闌尾應該切掉，就是完全健康的闌尾也不應該保留。

我曾經相信父親的話，不過現在我的看法和父親不一樣了，我認為這是自食其果。我本來是想忽悠父親，結果卻是忽悠自己去挨了一刀。

後記

一九七八年的時候，我獲得了第一份工作，在中國南方的一個小鎮上成為了一名牙醫。由於我是醫院裡最年輕的，除了拔牙，還需要承擔額外的工作，就是每年的夏天戴著草帽揹著藥箱，遊走在小鎮的工廠和幼兒園之間，給工人和孩子打防疫針。

我需要解釋一下，毛澤東時代的中國雖然貧窮，可是仍然建立起了一個強大的公共衛生防疫體系，免費給人民接種疫苗和打防疫針。我做的就是這樣的工作，當時還沒有一次性的針頭和針筒，由於物質上的貧乏，針頭和針筒只能反覆使用，消毒也是極其簡陋，將用過的針頭和針筒清洗乾淨後，分別用紗布包好，放進幾個鋁製飯盒，再放進一口大鍋，裡面灌上水，放在煤球爐的爐火上面，像是蒸饅頭似的蒸上兩個小時。

因為針頭反覆使用，差不多每個針頭上都有倒勾，打防疫針時扎進胳膊，拔出來時就會勾出一小粒肉來。我第一天做這樣的工作，先去了工廠，工人們捲起袖管排好隊，挨個上來伸出胳膊讓我扎針，又挨個被針頭勾出一小粒帶血的肉。工人們可以忍受疼痛，他們咬緊牙關，最多也就是呻吟兩聲。我沒有在意他們的疼痛，心想所有的針頭都是有倒勾的，而且這些倒勾以前就有了，工人們每年都要接受有倒勾的防疫針，應該習慣了。可是第二天到了幼兒園，給三歲到六歲的孩子們打防疫針時，情景完全不一樣，孩子們哭成一片，由於皮肉的嬌嫩，勾出來的肉粒也比工人的肉粒大，出血也多。我清晰地記得當時的情景，所有的孩子都是放聲大哭，而且還沒有打防疫針孩子的哭聲，比打了防疫針孩子的哭聲還要響亮。我當時的感受是：孩子們眼睛見到的疼痛更甚於自身經歷的疼痛，這是因為對疼痛的恐懼比疼痛還要可怕。

我震驚了，而且手足無措。那天回到醫院以後，我沒有馬上清洗和消毒，找來一塊磨刀石，將所有針頭上的倒勾都磨平又磨尖後，再清洗和消毒。這些舊針頭使用了多年，已經金屬疲勞，磨平後用上兩三次又出現倒勾了，於是磨平針頭上的倒勾成為了我經常性的工作，我在此後的日子裡看著這些針頭的長度逐漸變短。那個夏天我都是在天黑後才下班回家，因為長時間水的浸泡和在磨刀石上面的磨擦，我的手指泛白起泡。

後來的歲月裡，每當我回首此事，心裡就會十分內疚，孩子們哭成一片的疼痛，才讓我意識到工人們的疼痛。為什麼我不能在孩子們的哭聲之前就感受到工人們的疼痛呢？如果我在給工人和孩子打防疫針之前，先將有倒勾的針頭扎進自己的胳膊，再勾出自己帶血的肉粒，那麼我就會在孩子們疼痛的哭聲之前，在工人們疼痛的呻吟之前，就感受到了什麼是疼痛。

這樣的感受刻骨銘心，而且在我多年來的寫作中如影隨行。當他人的疼痛成為我自己的疼痛，我就會真正領悟到什麼是人生，什麼是寫作。我心想，這個世界上可能再也沒有比疼痛感更容易使人們互相溝通了，因為疼痛感的溝通之路是從人們內心深處延伸出來的。所以，我在本書寫下中國的疼痛之時，也寫下了自己的疼痛。因為中國的疼痛，也是我個人的疼痛。

國家圖書館出版品預行編目資料

十個詞彙裡的中國 / 余華著. -- 初版. --
台北市：麥田，城邦文化出版：家庭傳媒
城邦分公司發行, 2011.1
面；公分. -- (余華作品集；8)

ISBN 978-986-120-477-2(平裝)

1. 社會生活　2. 經濟發展　3. 中國

540.92　　99023278

余華作品集 8

十個詞彙裡的中國

作　　　者 余華
責 任 編 輯 林秀梅　莊文松

副 總 編 輯 林秀梅
編 輯 總 監 劉麗眞
總　經　理 陳逸瑛
發　行　人 凃玉雲
出　　　版 麥田出版
城邦文化事業股份有限公司
104台北市中山區民生東路二段141號5樓
電話：（886）2-2500-7696 傳眞：（886）2-2500-1966
發　　　行 英屬蓋曼群島商家庭傳媒股份有限公司城邦分公司
104台北市中山區民生東路二段141號2樓
客服服務專線：(886)2-2500-7718；2500-7719
24小時傳眞專線：(886)2-2500-1990；2500-1991
服務時間：週一至週五上午09:00~12:00；下午13:00~17:00
劃撥帳號：19863813；戶名：書虫股份有限公司
讀者服務信箱：service@readingclub.com.tw
麥田部落格 http://blog.pixnet.net/ryefield

香港發行所 城邦（香港）出版集團有限公司
香港灣仔駱克道193號東超商業中心1樓
電話：(852)25086231 傳眞：(852)25789337
E-mail：hkcite@biznetvigator.com

馬新發行所 城邦（馬新）出版集團【Cite (M) Sdn. Bhd. (458372U)】
11, Jalan 30D / 146, Desa Tasik, Sungai Besi,
57000 Kuala Lumpur, Malaysia.
電話：(60)3-9056-3833 傳眞：(60)3-9056-2833

封 面 設 計 王志弘
印　　　刷 前進彩藝有限公司

初 版 一 刷 2010年01月04日
初 版 二 十 四 刷 2023年12月22日

定價300元
ISBN：978-986-120-477-2

城邦讀書花園
www.cite.com.tw